ORDONNANCE DU ROI,

Concernant le Corps royal de l'Artillerie.

Du 21 Décembre 1761.

A PARIS,
DE L'IMPRIMERIE ROYALE.

M. DCCLXII.

TABLE

De ce qui eſt contenu dans l'Ordonnance du Roi du 21 Décembre 1761, concernant le Corps royal de l'Artillerie.

ORDONNANCE

ORDONNANCE DU ROI,

Concernant le Corps royal de l'Artillerie.

Du 21 Décembre 1761.

DE PAR LE ROI.

SA MAJESTÉ ayant créé par ſon ordonnance du 5 novembre 1761, trois brigades d'augmentation dans le Corps royal de l'Artillerie, pour le mettre en état de remplir à l'avenir le ſervice de l'Artillerie de terre & celui de l'Artillerie de la marine, Elle a réſolu d'augmenter chacune des ſix anciennes brigades de deux compagnies de cent hommes chacune, pour mettre leſdites ſix brigades en état de ſuffire au ſervice qui leur ſera confié dans les ports, & de réunir au même corps les ſix compagnies de Mineurs : Et voulant plus particulièrement expliquer ſes intentions ſur ces différens objets, & régler en même temps la manière dont le ſervice de l'Artillerie ſe ſera par la ſuite, tant dans les différens ports du royaume que ſur les vaiſſeaux, dans les places & en campagne; Elle a ordonné & ordonne ce qui ſuit:

ARTICLE PREMIER.

Formation de trois nouvelles brigades, & augmentation de douze compagnies de Canonniers, de cent hommes chacune, dans les ſix anciennes brigades du Corps royal.

IL ſera inceſſamment procédé à la formation des trois brigades d'Artillerie, créées par l'ordonnance du 5 novembre 1761, & il ſera fait en même temps une augmentation de douze compagnies de Canonniers, de cent hommes chacune, leſquelles ſeront incorporées dans les ſix anciennes brigades du Corps royal de l'Artillerie, à raiſon de deux par chaque brigade.

II.

Compoſition des nouvelles brigades.

CHACUNE des trois nouvelles brigades du Corps royal de l'Artillerie, ſera compoſée de huit compagnies de cent hommes chacune, dont une de Bombardiers, & les ſept autres de Canonniers, conformément à ce qui eſt preſcrit par l'ordonnance du 5 novembre dernier.

III.

LA compagnie de Bombardiers, qui ſera toûjours la première dans chacune des trois nouvelles brigades, ſera commandée par un Capitaine, deux Lieutenans en premier, deux Lieutenans en ſecond; & compoſée de ſix Sergens, ſix Caporaux, ſix Anſpeſſades, ſeize Artificiers, ſoixante-trois Bombardiers & trois Tambours.

IV.

CHACUNE des compagnies de Canonniers deſdites trois brigades, ſera commandée par un Capitaine, deux Lieutenans en premier, deux Lieutenans en ſecond; & compoſée de ſix Sergens, ſix Caporaux, ſix Anſpeſſades, ſoixante-dix-neuf Canonniers & trois Tambours.

V.

L'ÉTAT-MAJOR de chacune des trois nouvelles brigades, sera composé d'un Chef-de-brigade, un Colonel, un Lieutenant-colonel, un Major, un Aide-major, un Sous-aide-major, un Aumônier & un Chirurgien: Et l'État-major de chacune des six anciennes brigades, continuera d'être composé d'un Chef-de-brigade, un Colonel, un Lieutenant-colonel, un Major, un Aide-major, un Sous-aide-major, un Garçon-major, un Aumônier & d'un Chirurgien.

VI.

LES Chefs des six anciennes brigades en conserveront le commandement, à quelque grade supérieur qu'ils parviennent, jusqu'à ce qu'il plaise à Sa Majesté de leur assigner d'autres fonctions, conformément à l'article IX de l'ordonnance du 5 novembre 1758: A l'égard des Chefs des nouvelles brigades, ils ne pourront en conserver le commandement, lorsque leur ancienneté ou la nature de leurs services leur auront fait mériter le grade de Lieutenant général des armées navales; l'intention de Sa Majesté étant qu'alors ils quittent l'Artillerie, pour s'attacher uniquement au service de la Marine.

VII.

LES Officiers des huit compagnies de chacune des trois brigades d'augmentation, seront payés sur le pied, par jour, à commencer du jour de la date de leurs commissions, lettres ou brevets, de six livres treize sols quatre deniers à chaque Capitaine, trois livres six sols huit deniers à chaque Lieutenant en premier, & deux livres quinze sols six deniers deux tiers à chaque Lieutenant en second; & les Capitaines desdites compagnies jouiront de plus, de la ſomme de ſept cents dix livres ſeulement par an, pour fournir aux frais indiſpenſables de compagnies, au lieu de neuf cents livres qui leur avoient été réglés par l'article XI de l'ordonnance du 5 novembre dernier.

VIII.

Les Sergens, Caporaux, Anſpeſſades, Artificiers, Bombardiers & Tambours de chacune des compagnies de Bombardiers des trois nouvelles brigades, ſeront payés ſur le pied, par jour, de trente-trois ſols quatre deniers à chacun des deux premiers Sergens, vingt-ſix ſols huit deniers à chacun des quatre autres, vingt ſols à chacun des ſix Caporaux, dix-huit ſols à chacun des ſix Anſpeſſades, dix-ſept ſols à chacun des ſeize Artificiers, ſeize ſols huit deniers à chacun des trente-deux premiers Bombardiers, treize ſols quatre deniers à chacun des trente-un autres Bombardiers, & quatorze ſols à chacun des trois Tambours.

IX.

Les Sergens, Caporaux, Anſpeſſades, Canonniers & Tambours de chacune des ſept compagnies de Canonniers des trois nouvelles brigades, ſeront payés ſur le pied, par jour, de vingt ſols dix deniers à chacun des ſix Sergens, quatorze ſols huit deniers à chacun des ſix Caporaux, onze ſols huit deniers à chacun des ſix Anſpeſſades, neuf ſols huit deniers à chacun des dix-huit premiers Canonniers, ſept ſols deux deniers à chacun des dix-huit ſuivans, ſix ſols deux deniers à chacun des quarante-trois reſtans, & neuf ſols huit deniers à chacun des trois Tambours.

X.

L'État-major des trois nouvelles brigades, ſera

payé ſur le pied, par jour, de ſeize livres treize ſols quatre deniers au Chef-de-brigade, treize livres ſix ſols huit deniers au Colonel, neuf livres ſix ſols huit deniers au Lieutenant-colonel, huit livres ſix ſols huit deniers au Major, ſix livres à l'Aide-major, trois livres ſix ſols huit deniers au Sous-aide-major, vingt-ſept ſols dix deniers à l'Aumônier, & trente-trois ſols quatre deniers au Chirurgien.

X I.

OUTRE la ſolde ci-deſſus réglée, il ſera donné vingt-quatre deniers par jour pour chaque Sergent, & douze deniers pour chaque Caporal, Anſpeſſade, Artificier, Bombardier, Canonnier & Tambour deſdites trois brigades nouvelles, qui formeront une Maſſe toûjours complète, ſans avoir égard aux hommes qui pourroient manquer dans les compagnies; laquelle Maſſe demeurera entre les mains du Tréſorier général du Corps royal de l'Artillerie, qui en donnera ſes reconnoiſſances à la fin de l'année au Major ou autre Officier chargé du détail de chaque brigade, en deux billets ſéparément pour chaque brigade, l'une à titre de Groſſe-maſſe ſur le pied de ſeize deniers par Sergent, & de huit deniers par Caporal, Anſpeſſade, Artificier, Bombardier, Canonnier & Tambour; & l'autre à titre de Petite-maſſe, à raiſon de huit deniers par Sergent & de quatre deniers pour chacun des autres, le payement deſquelles Maſſes ne ſera fait que ſur la main-levée des Inſpecteurs généraux du Corps royal de l'Artillerie.

X I I.

LES trois nouvelles brigades ne devant compoſer qu'un ſeul & même corps avec les ſix anciennes du Corps royal de l'Artillerie, l'intention de Sa Majeſté eſt qu'elles ſoient aſſujéties aux revûes des Inſpecteurs généraux dudit corps; voulant auſſi Sa Majeſté que leſdites trois brigades ſoient établies, l'une à Breſt, l'autre à Rochefort, & la troiſième à Toulon. Elle donnera ſes ordres pour faire rendre dans chacun de ces ports un des Inſpecteurs généraux du Corps royal de l'Artillerie, à l'effet d'y proceder ſans délai à la formation deſdites brigades.

XIII.

SA MAJESTÉ ſe réſerve de nommer les Officiers qui devront commander leſdites trois brigades, & de fixer les compagnies qui devront les compoſer: Mais comme les Officiers actuels du Corps royal pourroient ne point avoir les connoiſſances & l'expérience néceſſaires pour ſervir auſſi utilement ſur mer qu'ils l'ont fait juſqu'à préſent ſur terre; veut Sa Majeſté que pour former le premier établiſſement des trois nouvelles brigades, il ſoit choiſi parmi les Officiers de la Marine, en qui l'on aura reconnu les talens propres pour le ſervice de l'Artillerie, ceux qui ſeront jugés néceſſaires pour commander leſdites trois brigades.

XIV.

L'INTENTION de Sa Majeſté eſt que les places de Chef, de Colonel & de Lieutenant-colonel dans les trois brigades nouvelles, ſoient remplies actuellement par des Capitaines de vaiſſeaux, les charges de Capitaines par des Lieutenans de vaiſſeaux, & les Lieutenances en premier & en ſecond par des Enſeignes de vaiſſeaux.

XV.

CES Officiers, quoiqu'attachés aux trois brigades nouvelles, conſerveront leur rang dans la Marine; & lorſqu'il vaquera des places ſur les vaiſſeaux, auxquelles ils auront droit de prétendre par leur ancienneté, l'intention de Sa Majesté est qu'ils en soient pourvûs, se réservant toutefois la faculté de retenir au service de l'Artillerie ceux qui, par leurs talens & leurs connoissances, seroient plus propres pour cette partie que pour toute autre. Mais lorsque les Officiers attachés aux nouvelles brigades auront été dans le cas de quitter ce service, ils ne pourront plus y rentrer.

XVI.

S'IL arrive qu'un Officier des nouvelles brigades du Corps royal, soit dans le cas de les quitter pour s'attacher uniquement au service des vaisseaux, & que ses appointemens soient au dessous de ceux dont il jouissoit dans l'Artillerie, il lui sera payé un supplément d'appointement jusqu'à ce qu'il soit parvenu à un grade dont les appointemens soient équivalens à ceux qu'il aura quittés.

XVII.

LES Officiers des trois nouvelles brigades ne rouleront qu'entr'eux pour leur avancement, c'est-à-dire, que lorsqu'il vaquera une place de Chef-de-brigade dans l'une des trois d'augmentation, elle appartiendra au plus ancien des Colonels de ces trois brigades. Il en sera usé de même pour les places de Colonel, de Lieutenant-colonel & autres charges qui viendront à vaquer : Et lorsqu'à l'avenir il y aura des emplois de Lieutenans en second à remplir dans lesdites trois nouvelles brigades, l'intention de Sa Majesté est que le choix tombe sur les sujets les plus instruits & les plus capables d'entre les Enseignes de vaisseaux pour les remplir ; & que la préférence soit toûjours accordée à ceux dans lesquels on aura reconnu le plus de talens & de capacité, sans avoir égard à l'ancienneté.

XVIII.

S'IL se trouvoit actuellement dans les six anciennes brigades du Corps royal, des Officiers assez instruits du service de la Marine pour pouvoir y servir utilement, & qu'ils desirassent d'y entrer; l'intention de Sa Majesté est qu'ils y soient admis suivant leur grade actuel, & qu'il leur soit expédié en même-temps un brevet d'Officier de vaisseau, équivalent à leur grade & à leur rang: De même que si dans les trois nouvelles brigades qui vont être établies il s'en trouvoit qui fussent dans l'impossibilité de continuer leurs services sur mer, & qu'ils desirassent de suivre celui de terre, Sa Majesté veut & entend qu'ils soient admis dans les six anciennes brigades suivant leur grade & leur rang d'ancienneté.

XIX.

A l'égard des Sergens, Caporaux, Artificiers, Bombardiers & Canonniers qui doivent composer les compagnies des trois nouvelles brigades du Corps royal, l'intention de Sa Majesté est que les Sergens, Caporaux & Bombardiers des compagnies de Bombardiers de la Marine, qui sont actuellement attachés aux ports de Brest, Rochefort & Toulon, soient incorporés dans les compagnies de Bombardiers des nouvelles brigades; les caps des compagnies ou escouades d'Apprentifs canonniers, & lesdits Apprentifs canonniers, qui servent actuellement dans les ports de Brest, Rochefort, Toulon & au Havre, ainsi que ceux qui restent des deux compagnies de Canonniers employées ci-devant à l'Isle-royale, seront pareillement incorporés dans les compagnies

compagnies de Canonniers des nouvelles brigades. Veut aussi Sa Majesté qu'on y incorpore les Capitaines d'armes, les Sergens, les Caporaux, & les Soldats des compagnies franches de la Marine, dont le Roi a ordonné la suppression par son ordonnance du 5 novembre dernier.

XX.

LES Inspecteurs généraux du Corps royal, qui seront chargés de procéder à la formation & à la composition des trois nouvelles brigades, auront soin de n'admettre dans les compagnies de Canonniers & de Bombardiers desdites brigades que des hommes en état d'y servir utilement, en observant de donner les places de Sergens, Caporaux, Anspessades & des haute-payes aux meilleurs sujets, sans avoir égard à l'ancienneté.

XXI.

LORSQU'IL vaquera des places de Sergens, Caporaux, Anspessades ou de haute-payes, dans les compagnies de Bombardiers & de Canonniers des trois nouvelles brigades; l'intention de Sa Majesté est que ces différentes places ne soient remplies que conformément à ce qui est prescrit par les articles IX, X & XII de l'ordonnance du 2 avril 1759, concernant les semblables places dans les compagnies des six anciennes brigades du Corps royal, c'est-à-dire, que lorsqu'une place de Sergent viendra à vaquer dans une compagnie des nouvelles brigades, les douze plus anciens Sergens de la brigade s'assembleront pour choisir parmi tous les Caporaux de ladite brigade, trois sujets propres à remplir la place vacante; ils les présenteront au Major & au Capitaine de la compagnie dans laquelle la place de Sergent sera vacante; & sur le rapport de ces deux Officiers, le

Commandant de la brigade nommera celui des trois ſujets propoſés qui lui paroîtra mériter la préférence.

XXII.

LORSQU'UNE place de Caporal viendra à vaquer dans l'une des compagnies deſdites trois nouvelles brigades, les huit plus anciens Caporaux de la brigade & les quatre plus anciens Sergens s'aſſembleront pour choiſir parmi les Anſpeſſades de la brigade, trois ſujets qu'ils préſenteront pour être nommés, ainſi qu'il eſt expliqué à l'article XXI pour les Sergens.

XXIII.

LORSQU'IL vaquera une place d'Anſpeſſade, les ſix Sergens & les ſix Caporaux de la compagnie dans laquelle elle ſera vacante, s'aſſembleront pour choiſir parmi les Soldats de la plus haute paye de ladite compagnie ſeulement, trois ſujets propres à la remplir, ils les préſenteront à leur Capitaine, qui d'après l'approbation du Commandant de la brigade, nommera celui qu'il en jugera le plus digne: il en ſera uſé de même pour la nomination aux places de haute-payes.

XXIV.

Recrues des nouvelles brigades.

L'INTENTION du Roi eſt que les compagnies de Bombardiers des nouvelles brigades, ſoient recrutées par les meilleurs Canonniers des compagnies deſdites brigades; & lorſqu'il vaquera une place de Bombardier, Sa Majeſté veut que les deux plus anciens Sergens de la compagnie, avec les ſix plus anciens Sergens des compagnies de Canonniers de la même brigade, s'aſſemblent pour choiſir dans les ſept compagnies de Canonniers de la brigade, trois ſujets reconnus pour être de la meilleure conduite & avoir le plus d'intelligence & d'application; ils les présenteront au Capitaine de Bombardiers, qui d'après l'approbation du Commandant de la brigade, nommera celui qu'il en jugera le plus digne.

XXV.

SA MAJESTÉ veut que pour recruter les Canonniers des trois nouvelles brigades, il soit procédé ainsi & de la même manière qu'il est réglé pour les recrues des six autres brigades du Corps royal de l'Artillerie par l'article VIII de l'ordonnance du 5 novembre 1758.

XXVI.

Uniforme des nouvelles brigades.

L'UNIFORME des trois nouvelles brigades du Corps royal, sera le même que celui prescrit pour les anciennes brigades de ce Corps, par l'article XVI de l'ordonnance du 27 février 1760; c'est-à-dire, que cet uniforme sera composé d'un habit bleu garni d'une bande, parement, collet, veste, culotte & doublure rouge; la doublure de la veste seulement sera blanche; les pattes ordinaires garnies de six boutons jaunes, quatre boutons sur le parement; les boutons de l'habit & de la veste ne descendront que jusqu'à la poche, mais la veste aura un rang de boutons de chaque côté placés de deux en deux; chaque épaule de l'habit sera garnie depuis le collet jusqu'à la couture de la manche, d'une épaulette de dix-huit lignes de large, formée d'une tresse jaune terminée par une frange de même couleur, longue d'un pouce seulement; le chapeau sera bordé d'or.

XXVII.

L'INTENTION de Sa Majesté étant que les Sergens, Caporaux, Anspessades & Soldats des trois nouvelles brigades du Corps royal, soient incessamment revêtus de l'uniforme réglé pour ledit Corps, & voulant que les trois nouvelles brigades ſoient de même équipées & armées, Sa Majeſté fera pourvoir aux fonds néceſſaires pour l'habillement, l'armement & l'équipement de chaque homme deſdites trois nouvelles brigades.

XXVIII.

Service en général des trois nouvelles brigades du Corps royal.

LES trois nouvelles brigades jouiront du rang & des prérogatives réglés pour les ſix anciennes brigades par l'article premier de l'ordonnance du 2 avril 1759.

XXIX.

LESDITES trois brigades rouleront entr'elles & avec les ſix anciennes ſuivant le grade & l'ancienneté du Chef-de-brigade qui en ſera titulaire & dont elles porteront le nom.

XXX.

S'IL arrive que pluſieurs deſdites brigades ſe trouvent enſemble, le plus élevé en grade ou le plus ancien à grade égal des Officiers commandant leſdites brigades, les commandera toutes.

XXXI.

LESDITES trois nouvelles brigades ſeront ſujettes à la même police & diſcipline que les régimens d'Infanterie dans tel endroit qu'elles ſe trouvent.

XXXII.

Service des trois nouvelles brigades dans les ports.

LESDITES trois brigades, ſoit qu'elles ſe trouvent ſeules dans les ports ou avec d'autres troupes, y feront le ſervice comme toute l'Infanterie.

XXXIII.

SA MAJESTÉ trouve bon cependant que leſdites brigades ne fourniſſent que la moitié du nombre d'Officiers & de Soldats qui ſera demandé aux autres troupes de la garniſon, pour le ſervice du port, de manière qu'une brigade du Corps royal ne ſera le ſervice que comme un demi-bataillon.

XXXIV.

SA MAJESTÉ veut bien auſſi diſpenſer de monter la garde dans les ports, les Capitaines des nouvelles brigades, ainſi que les Artificiers, les premiers Bombardiers & les premiers Canonniers, à moins que la néceſſité du ſervice n'exige de les y employer; auquel cas ils exécuteront ce qui leur ſera ordonné par les Commandans desdits ports.

XXXV.

LES Lieutenans monteront la garde, feront la ronde & généralement tout le ſervice d'Infanterie dans le port, & ils couleront à fond avec les Officiers des autres régimens qui pourront ſe trouver en garniſon dans le même port.

XXXVI.

LES troupes des nouvelles brigades du Corps royal ne devant être détachées hors des ports de Breſt, Rochefort & Toulon dans leſquels elles ſeront établies, que pour le ſervice qui leur eſt propre, les Commandans des autres ports ou places dans leſquelles il pourra être envoyé de ces troupes, ne pourront exiger d'elles aucun ſervice à cet égard que dans les cas de la néceſſité la plus abſolue; & lorſque ces circonſtances ſe préſenteront, ils en rendront compte ſur le champ au Secrétaire d'État ayant le département de la guerre & de la marine.

XXXVII.

LES Chefs-de-brigades, les Colonels & Lieutenans-colonels des nouvelles brigades du Corps royal, ſe conformeront, pour la viſite des poſtes, à ce qui eſt preſcrit par les articles DXXXVI, DXXXVII, DXXXIX, DXL & DXLI de l'ordonnance du 25 juin 1750.

XXXVIII.

LORSQU'IL sera envoyé une brigade nouvelle ou un détachement, dans une place du port où il se trouvera un Officier employé pour le service du Corps royal, plus élevé en grade, ou l'ancien à grade égal de celui qui commandera ladite brigade ou le détachement, alors le commandement en appartiendra sans difficulté à l'Officier le plus ancien, qu'il soit des anciennes brigades ou de la direction; mais celui-ci ne pourra cependant intervertir en aucune façon l'ordre, la discipline & les détails de la troupe : Et pareillement lorsqu'un Officier des anciennes brigades ou de la direction, se trouvera dans le cas de déférer le commandement du Corps royal, à un Officier commandant une des nouvelles brigades ou un détachement desdites brigades, ce dernier ne pourra rien changer aux détails particuliers dont se trouvera chargé l'Officier des anciennes brigades ou de la direction; l'intention de Sa Majesté étant que tous les honneurs du commandement soient attribués, dans tous les cas, à l'Officier supérieur en grade, ou au plus ancien à grade égal; mais que chacun, tant des Officiers attachés aux anciennes & nouvelles brigades, que de ceux détachés dans les places, se renferme dans ses fonctions particulières.

XXXIX.

LES Officiers des nouvelles brigades du Corps royal, détachés avec troupe ou sans troupe, ne feront dans les places que le service de l'Artillerie, Sa Majesté n'entendant cependant pas les priver du privilége accordé par l'article XIII de l'ordonnance du 25 juin 1750, aux Officiers des troupes françoises pour le commandement des places.

XL.

L'ORDRE sera porté tous les jours dans les ports & dans les places, au Commandant du Corps royal, tel qu'il soit, par le Major de la brigade, ou par un Aide-major si le Major n'avoit pas pû aller à l'ordre ; il sera porté par des Aides-majors aux Officiers supérieurs dudit Corps; & aux Capitaines & Officiers dudit Corps, par des Sergens: S'il n'y avoit dans le port ou dans la place qu'un détachement des nouvelles brigades, l'ordre sera porté par un Sergent, à celui qui le commandera, de même qu'aux autres Officiers du Corps royal; & quand il n'y aura ni brigade ni détachement dudit Corps, un Sergent de la garnison le portera seulement à l'Officier qui commandera l'Artillerie en chef dans la place, conformément à l'article CCCXII de l'ordonnance du 25 juin 1750.

XLI.

LES détachemens des nouvelles brigades, ou les Officiers qui en seront détachés pour le service de l'Artillerie dans les places, passeront en revûe devant le Commissaire des guerres & du Corps royal, ou celui de la place à son défaut, suivant les dispositions de l'article XXV de l'ordonnance du 2 avril 1759.

XLII.

LE Chef ou tel autre Officier qui commandera la brigade établie dans chacun des ports de Brest, Rochefort & Toulon, y sera chargé, en cette qualité, du service de l'Artillerie de terre & de mer; il y remplira les mêmes fonctions que les Directeurs du Corps royal de l'Artillerie rempliſſent dans les différentes places où ils ſont employés, conformément à l'ordonnance du 2 avril 1759; en conſéquence, il veillera à ce que les arſenaux ſoient toûjours en bon ordre & en bon état, que les différens effets d'Artillerie y ſoient rangés d'une manière convenable pour leur conſervation & facile pour le ſervice; que les conſtructions qui ſeront ordonnées & approuvées par le Secrétaire d'État ayant le département de la guerre & de la marine, ſoient exécutées avec la plus grande économie & le mieux qu'il ſera poſſible.

XLIII.

L'INTENTION de Sa Majeſté étant que dans chacun des ports de Breſt, Rochefort & Toulon, il y ait des emplacemens convenables, deſtinés pour raſſembler les effets de l'Artillerie, & y former les atteliers néceſſaires aux travaux qui y ſont relatifs, & que ces emplacemens ſoient abſolument diſtincts & ſéparés des bâtimens & atteliers affectés au ſervice de la Marine; les Inſpecteurs du Corps royal, que Sa Majeſté a choiſis pour les envoyer dans les différens ports, détermineront, avec le Commandant du port & l'Intendant de la Marine, ces emplacemens, & déſigneront aux Chefs-de-brigades les lieux propres pour les différens effets qui doivent y être contenus; par exemple, le *parc aux fers coulés*, le *magaſin des affûts*, la *ſalle aux armes*, & ainſi de tous les différens autres effets: il en ſera formé un plan qui ſera connoître l'emploi du terrein, lequel plan ſera adreſſé au Secrétaire d'État ayant le département de la guerre & de la marine.

XLIV.

LORSQUE ces bâtimens & emplacemens auront été déterminés & évacués des effets qui pourront appartenir à la à la Marine, le Chef-de-brigade aura ſoin d'y faire placer les différentes munitions d'Artillerie, ſuivant qu'il lui aura été preſcrit par un Inſpecteur du Corps royal, & il en ſera dreſſé un inventaire en ſa préſence, par le Commiſſaire des guerres & du Corps royal, qui en chargera le Garde nommé par Sa Majeſté.

X L V.

CET inventaire doit faire connoître les effets qui ſont en bon état, ceux qui peuvent être réparés, & ceux qui ſont abſolument hors d'état de ſervir; au bas d'une des copies de cet inventaire, le Garde d'Artillerie mettra ſa reconnoiſſance viſée par le Chef-de-brigade & vérifiée par le Commiſſaire des guerres & du Corps royal, laquelle reconnoiſſance ſervira de décharge au Garde général des effets de la Marine.

X L V I.

LE Chef-de-brigade adreſſera tous les ans dans le courant du mois d'octobre, au Secrétaire d'État ayant le département de la guerre & de la marine, les projets, devis & eſtimation des différens ouvrages & réparations à faire tant aux attirails qu'aux bâtimens de l'Artillerie; il y joindra un état des pièces de canon, mortiers, armes, munitions, attirails & uſtenſiles dont il lui paroîtra néceſſaire de ſe pourvoir pour compléter l'approviſionnement du port.

X L V I I.

LORSQU'IL aura reçû l'état des ouvrages, approviſionnemens ou travaux ordonnés par Sa Majeſté pour l'année ſuivante, il prendra les meſures convenables pour faire exécuter ces ouvrages, approviſionnemens & travaux, & il paſſera des marchés pour les objets qui en ſeront susceptibles, de concert avec le Commissaire des guerres & du Corps royal.

XLVIII.

Le Chef-de-brigade rendra compte tous les mois au Secrétaire d'État ayant le département de la guerre & de la marine de l'avancement desdits ouvrages & travaux.

XLIX.

Il se conformera avec la plus grande exactitude à l'état des ouvrages ordonnés, & ne pourra, sous quelque prétexte que ce puisse être, porter un fonds, en tout ou en partie, d'un article sur l'autre.

L.

Défend Sa Majesté au Chef ou autre Officier commandant la brigade, d'entreprendre aucun ouvrage sans un ordre supérieur; à la réserve cependant de tout ce qui ne pourroit pas être différé sans préjudicier évidemment à son service, à la conservation ou à la sûreté des munitions & effets de l'Artillerie, & à celle des bâtimens qui en dépendent, auxquels cas veut Sa Majesté qu'il puisse faire travailler aux réparations dont il sera question, en en rendant compte sur le champ au Secrétaire d'État ayant le département de la guerre & de la marine, lui faisant connoître la nécessité du parti qu'il aura pris, & lui envoyant l'estimation de la dépense à laquelle pourront monter lesdites réparations.

LI.

Lorsque les ouvrages concernant les bâtimens destinés au service de l'Artillerie, seront achevés, ils seront constatés par des états ou toisés détaillés & définitifs qui seront dressés en présence des Entrepreneurs, par les Officiers du Corps royal qui auront été chargés par le Chef ou Commandant de la brigade de veiller particulièrement à l'exécution desdits ouvrages, ces états ou toisés seront signés par lesdits Officiers, certifiés & visés par le Chef ou Commandant de la brigade, qui après les avoir fait vérifier par le Commissaire des guerres & du Corps royal, les adressera au Secrétaire d'État ayant le département de la guerre & de la marine.

L I I.

Il sera pareillement fourni & envoyé des états de toutes les dépenses qu'occasionneront les réparations ou constructions d'attirail, & autres parties concernant le service de l'Artillerie dans les arsenaux; & lesdits états seront signés, visés & vérifiés comme il est prescrit par l'article précédent.

L I I I.

Les fonds destinés aux différentes dépenses de l'Artillerie, autorisées par le Secrétaire d'État ayant le département de la guerre & de la marine, seront remis entre les mains du Commis du Trésorier général du Corps royal dans chaque port, & ne pourront être délivrés que sur les ordres particuliers du Chef-de-brigade, ou de celui qui la commandera, vérifiés par le Commissaire des guerres & du Corps royal.

L I V.

Pour mettre la comptabilité en règle, l'Officier commandant la brigade ne pourra faire solder aucune dépense que sur des états détaillés, tout-à-fait semblables à ceux ci-dessus, arrêtés & certifiés par les Officiers du Corps royal, qui auront suivi les travaux, visés par lui, quittancés des différentes parties prenantes, & vérifiés par le Commiſſaire des guerres & du Corps royal, deſtiné à réſider dans le port.

L V.

TOUS les effets qu'il eſt d'uſage d'employer pour le ſervice de l'Artillerie, étant connus, l'intention de Sa Majeſté eſt que le Chef-de-brigade employé dans chacun des ports de Breſt, Rochefort & Toulon, de concert avec le Commiſſaire des guerres & du Corps royal, procède à l'eſtimation de chacun deſdits effets, & en adreſſe des procès-verbaux exacts au Secrétaire d'État ayant le département de la guerre & de la marine, pour lui faire connoître le prix auquel chacun revient dans les différens ports, en donnant auſſi une connoiſſance exacte du prix de la main-d'œuvre.

L V I.

LORSQU'IL ſera queſtion de faire des marchés, ſoit pour des bois, des fers ou autres effets, l'intention du Roi eſt qu'il y ſoit procédé par adjudication au rabais par le Commiſſaire des guerres & du Corps royal, en préſence du Chef ou du Commandant de la brigade; ils s'aſſureront par eux-mêmes de la bonne ou mauvaiſe qualité des matériaux, effets & munitions qui ſeront fournis en exécution des marchés par écrit ou verbaux, ou des ordres particuliers du Secrétaire d'État ayant le département de la guerre & de la marine; il en ſera dreſſé procès-verbal par le Commiſſaire du Corps royal, lequel ſera viſé par le Commandant de la brigade.

L V I I.

A l'égard des conſtructions d'attirails à faire dans l'arſenal de chaque port pour le ſervice de l'Artillerie, il fera dreffé chaque jour un état des ouvriers qui y feront employés; le Commiffaire des guerres & du Corps royal fera chargé d'en faire l'appel, & les falaires de ces ouvriers, ainfi que les dépenfes journalières qu'occafionneront lefdits travaux, feront payés par le Commis du Tréforier général, fur les rôles ci-deffus, & les états particuliers vifés par le Commandant de la brigade, & vérifiés par le Commiffaire du Corps royal, lefquels rôles & états particuliers feront annullés par l'état général dans lequel ils doivent être compris, & qui doit être formé à la fin de chaque année, pour être envoyé au Secrétaire d'État ayant le département de la guerre & de la marine, fur lequel état général le parfait payement des dépenfes qui y feront comprifes & détaillées, fera ordonné.

LVIII.

COMME il eft effentiel de former des Officiers aux différens travaux, le Chef-de-brigade ordonnera chaque jour qu'il foit détaché un nombre fuffifant d'Officiers de la brigade, qui veilleront à ce que les travaux ordonnés foient exécutés comme ils doivent l'être, & maintiendront l'ordre & la police dans l'arfenal.

LIX.

Établiffement des Ouvriers d'État.

SA MAJESTÉ voulant avoir dans les ports de Breft, Rochefort & Toulon, un nombre fixe d'ouvriers qui travaillent journellement aux conftructions & radoubs des attirails de l'Artillerie, & qui foient en état de conduire un plus grand nombre d'ouvriers journaliers dans le befoin, fon intention eft d'établir dans chacun des ports ci-deffus, vingt ouvriers fous la dénomination d'Ouvriers d'État ordinaires de l'Artillerie, & qui feront payés, favoir; un Chef, à raifon de cent livres par mois; un

Maître-armurier, à raiſon de ſoixante livres, un Sous-maître-armurier, à quarante-cinq livres; un Maître-forgeur, à quarante livres; un Sous-maître-forgeur, à trente-cinq livres; cinq autres Forgeurs, à trente livres; un Maître-ouvrier en bois, à quarante livres; deux Sous-maîtres-ouvriers en bois, à trente-cinq livres chacun; & ſept autres Ouvriers en bois, à trente livres auſſi chacun par mois, en obſervant que parmi les Sous-maîtres & ouvriers en bois qui ſeront au nombre de neuf dans chaque port, il ſe trouve toûjours trois Charpentiers, quatre Charrons, un Tourneur & un Tonnelier, le Maître-ouvrier en bois ſera ou Charpentier ou Charron.

L X.

LES ouvriers ci-deſſus pourront porter un uniforme ſemblable à celui des ouvriers d'État ordinaires, attachés aux arſenaux de l'Artillerie de terre, ſavoir; habit gris-de-fer, doublure, veſte, culotte, parement & collet bleu, boutons jaunes juſqu'à la taille, la doublure de la veſte ſera blanche, le Chef deſdits ouvriers dans chaque port portera deux galons d'or ſur la manche, & les trois Maîtres Armurier, Forgeur ou Ouvrier en bois, en porteront un ſeulement.

L X I.

CES ouvriers recevront des commiſſions du Roi, ils ſeront payés ſur la revûe qui en ſera faite tous les mois par le Commiſſaire du Corps royal. Ils ſeront entièrement aux ordres de l'Officier commandant la brigade dans chaque port; ils pourront être détachés dans les places & ports des environs, ainſi que le beſoin du ſervice l'exigera, & en conſéquence des ordres qui ſeront adreſſés à cet effet par le Secrétaire d'État ayant le département de la guerre & de la marine, à l'Officier commandant la brigade; mais ces ouvriers ne pourront dans aucun cas être embarqués ſur les vaiſſeaux.

L X I I.

Maîtres-canonniers conſervés.

LES Maîtres-canonniers entretenus actuellement dans chaque port, ſeront conſervés aux mêmes appointemens dont ils jouiſſent, & ſeront tenus de porter l'uniforme des Sergens du Corps royal, avec un galon de plus ſur la manche; ces Maîtres-canonniers ſeront aux ordres du Commandant de la brigade, & employés par lui, ainſi que les Chefs des ouvriers d'État, établis par l'article LIX de la préſente ordonnance, à veiller dans les arſenaux, à ce que les conſtructions ſoient ſolidement faites & propres aux objets auxquels elles ſeront deſtinées; ils ſeront payés de leurs appointemens, ainſi que les autres employés de l'Artillerie dans le port, ſur les revûes du Commiſſaire des guerres & du Corps royal; l'intention de Sa Majeſté étant qu'à l'avenir ces Maîtres-canonniers ſoient choiſis entre les Sergens des brigades & les Bombardiers, au concours & après l'examen de leur capacité & des certificats de ſervice qu'ils auront obtenus après chaque campagne, de l'Officier d'Artillerie du vaiſſeau ſur lequel ils auront ſervi, leſquels certificats ſeront ſignés du Capitaine-commandant, & viſés au retour de la campagne, par le Chef-de-brigade qui fera enregiſtrer leſdits certificats: Veut Sa Majeſté que les places vacantes ſoient données à ceux deſdits Sergens & Bombardiers qui ſe trouveront les plus capables.

L X I I I.

LES Sergens des compagnies de Bombardiers & de Canonniers des nouvelles brigades, auront rang de Maîtres-canonniers entretenus; mais ils ne pourront parvenir aux places de Maîtres-canonniers, Vice-amiraux, Amiraux & Canonniers-royaux ou de port, qu'après avoir rempli les conditions prefcrites par l'article précédent.

L X I V.

LORSQU'IL fera queftion de faire armer un ou plufieurs vaiffeaux dans un port, le Secrétaire d'État ayant le département de la guerre & de la marine, arrêtera un état des effets d'Artillerie qui devront être embarqués fur les vaiffeaux; cet état fera adreffé au Chef de la brigade, qui donnera des ordres au Garde-magafin pour faire fournir tous les effets y mentionnés.

L X V.

LE Garde-magafin aura foin de retirer de celui qui fera établi Gardien des effets de l'Artillerie dans chaque vaiffeau, une reconnoiffance vifée par le principal Officier du Corps royal, qui y fera embarqué, & par l'Officier commandant ledit vaiffeau, cette reconnoiffance lui fervira de décharge des effets & munitions qu'il aura délivrés en conféquence des ordres du Chef-de-brigade, lequel détachera le nombre d'Officiers & de Canonniers qu'il jugera néceffaires à l'arrangement defdits effets dans les vaiffeaux pour lefquels ils feront deftinés.

L X V I.

LORSQU'UN ou plufieurs vaiffeaux defarmeront dans un port, le Chef-de-brigade aura foin de faire rentrer dans les magafins tous les effets d'Artillerie, ils feront remis par compte au Garde, qui en donnera fa reconnoiffance au bas d'un état, où feront diftingués les effets de fervice à réparer ou hors de fervice; & le Chef-de-brigade détachera le nombre d'Officiers & de Canonniers qu'il

jugera

jugera nécessaire pour recevoir ces effets & les placer convenablement dans les magasins.

L X V I I.

Il sera remis le plus tôt possible aux Chefs des nouvelles brigades, un état des munitions & effets d'Artillerie qui ont été embarqués dans les vaisseaux actuellement à la mer, & sortis des ports dans lesquels ces brigades seront employées, afin qu'au retour desdits vaisseaux, les Chefs-de-brigade puissent faire rentrer dans les magasins ce qui restera de ces effets, en faire connoître la situation & ce qui en aura été consommé.

L X V I I I.

Il sera détaché chaque jour, par les ordres du Chef-de-brigade, le nombre de Sergens, Bombardiers & Canonniers, commandés par un nombre d'Officiers proportionné à la force des détachemens, pour faire toutes les manœuvres relatives au service de l'Artillerie, lesquels Sergens, Bombardiers & Canonniers seront assujétis à faire ces manœuvres & celles mentionnées dans les trois articles précédens, comme leur service propre & sans supplément de solde; Sa Majesté voulant qu'il en soit usé à leur égard comme pour les anciennes brigades du Corps royal.

L X I X.

La brigade du Corps royal, établie dans chacun des ports de Brest, Rochefort & Toulon, fournira chaque jour cent hommes ou plus pour être employés au gréement, à l'amarrage, au changement de place des vaisseaux, ainsi qu'aux autres travaux du port, pourvû toutefois que ce détachement ne soit pas trop fort pour nuire aux autres services de la brigade; lesdits travailleurs feront conduits par des Officiers du Corps royal, qui tiendront la main à ce qu'ils exécutent exactement ce qui fera commandé par le Commandant & le Capitaine de port. Ces travailleurs feront payés des fonds de la Marine, à raifon de quinze fols par chaque Sergent, & de dix fols par chaque Bombardier & Canonnier.

L X X.

LE fupplément de folde de ces travailleurs fera payé au Major de la brigade, pour être par lui diftribué à chacun d'eux d'après les ordres du Chef-de-brigade.

L X X I.

LE Chef de chacune des nouvelles brigades établies à Breft, à Rochefort & à Toulon, aura foin de dreffer un inventaire exact & détaillé de tous les plans & papiers concernant le fervice de l'Artillerie dans le port où il fera employé; il adreffera copie dudit inventaire au Secrétaire d'État ayant le département de la guerre & de la marine; & au commencement de chaque année il lui enverra de même un état particulier de tous les papiers qu'il aura ajoûtés aux anciens pendant le courant de l'année précédente: Lorfqu'il s'abfentera, pour quelque caufe que ce foit, il remettra ces plans & papiers à l'Officier qui devra commander la brigade en fon abfence ou le remplacer, en obfervant de former un état de ces plans & papiers dont il fera fait trois copies qu'ils figneront, l'une pour être envoyée au Secrétaire d'État ayant le département de la guerre & de la marine, l'autre pour fervir de décharge à l'Officier qui s'abfentera ou qui fera remplacé, & la troifième qui fera jointe aux papiers de la Place.

L X X I I.

Si l'Officier commandant une brigade nouvelle venoit à mourir, l'intention de Sa Majesté est que le Major qui apposera les scellés sur les effets du défunt, remette généralement tous les plans & papiers concernant le service de l'Artillerie entre les mains de l'Officier de la brigade à qui le commandement sera dévolu, après qu'il en aura été fait un inventaire par le Commissaire des guerres & du Corps royal attaché au port, qui l'enverra au Secrétaire d'État ayant le département de la guerre & de la marine, & qui sera signé du nouveau Commandant de la brigade, du Major qui aura apposé les scellés, & de lui.

L X X I I I.

Sa Majesté défend, sous les peines les plus rigoureuses, à tous les Officiers du Corps royal de communiquer à qui que ce soit, sans un ordre exprès & par écrit du Secrétaire d'État ayant le département de la guerre & de la marine, les papiers concernant l'Artillerie, ni les plans qui pourront leur avoir été confiés.

L X X I V.

Établissement d'un Garde d'Artillerie dans chacun des ports de Brest, Rochefort & Toulon, & ses fonctions.

Il sera établi un Garde d'Artillerie dans chacun des ports de Brest, Rochefort & Toulon; il sera payé des appointemens qui lui seront réglés sur les revûes du Commissaire des guerres & du Corps royal, & il exécutera tout ce qui lui sera prescrit, tant par le Chef ou Commandant de la brigade, que par le Commissaire des guerres & du Corps royal qui y seront employés.

L X X V.

Ce Garde aura deux regiſtres cottés & paraphés par le Commissaire des guerres & du Corps royal; dans l'un, il tranſcrira proprement l'inventaire de tous les effets & munitions d'Artillerie qui ſeront confiés à ſa garde, & qui y ſeront détaillés dans l'ordre qui lui ſera indiqué, & conformément au modèle qui lui ſera donné; dans le ſecond regiſtre, il portera jour par jour les effets qui lui ſeront remis, & ceux qu'il aura délivrés de ſes magaſins.

LXXVI.

LE Garde d'Artillerie ne pourra délivrer ou conſommer aucun effet d'Artillerie, de telle eſpèce que ce ſoit, ſans l'ordre par écrit du Chef-de-brigade ou de l'Officier qui la commandera.

LXXVII.

IL dreſſera tous les ans un nouvel inventaire des effets & munitions d'Artillerie, dont il ſera chargé; il ſera fait trois expéditions dudit Inventaire qui ſeront ſignées de lui, viſées par le Chef ou Commandant de la brigade, & vérifiées par le Commiſſaire du Corps royal, dont une ſera envoyée dans les quinze premiers jours de chaque année au Secrétaire d'État ayant le département de la guerre & de la marine; la ſeconde ſera remiſe à l'Officier commandant la brigade, & la troiſième reſtera au Commiſſaire du Corps royal réſidant dans le port.

LXXVIII.

LE Garde ſera auſſi tenu de dreſſer tous les mois, trois états détaillés des remiſes & conſommations qui auront été faites dans les magaſins d'Artillerie; ces états ſeront ſignés, viſés & vérifiés, comme il eſt dit à l'article précédent, & auront la même deſtination.

LXXIX.

SA MAJESTÉ prévoyant que les Gardes d'Artillerie

qui feront établis dans chacun des ports de Breft, Rochefort & Toulon, ne pourroient remplir feuls les détails que leurs emplois exigeront, fon intention eft qu'il foit établi dans chacun de ces ports, des Sous-gardes pour les aider dans leurs fonctions, lefquels Sous-gardes feront payés des appointemens qui leur feront réglés fur les revûes des Commiffaires des guerres & du Corps royal de l'Artillerie.

L X X X.

Établiffement d'un Commiffaire des guerres & du Corps royal, & fes fonctions dans chacun des ports de Breft, Rochefort & Toulon.

IL fera établi un Commiffaire des guerres & du Corps royal de l'Artillerie, dans chacun des ports de Breft, Rochefort & Toulon; il fera obligé d'y tenir continuellement réfidence, & il fera chargé de la police de la nouvelle brigade du Corps royal qui y fera employée, ainfi & de la même manière qu'il eft prefcrit pour les anciennes brigades de ce Corps.

L X X X I.

IL pafféra exactement en revûe tous les mois la brigade, les Gardes, Sous-gardes, Ouvriers d'état ordinaires, Maîtres-canonniers & autres Employés de l'Artillerie, & ce ne fera que fur fes extraits de revûe, fignés du Commandant de la brigade, que la folde & les appointemens pourront être payés.

L X X X I I.

LE Commiffaire des guerres fe conformera pour les extraits de revûe aux différentes ordonnances qui ont été rendues à ce fujet; il en enverra tous les mois un double au Secrétaire d'État ayant le département de la guerre & de la marine, & il en remettra un autre au Commis du Tréforier général de l'Artillerie, ainfi qu'aux différens Entrepreneurs de pain, viande, lits & autres pour les fournitures néceffaires.

LXXXIII.

Il veillera exactement à ce que les regiſtres du Garde-magaſin d'Artillerie ſoient tenus dans la plus grande règle, & il aura ſoin de les coter & parapher page par page.

LXXXIV.

Aucune dépenſe relative au ſervice de l'Artillerie ne pourra être allouée dans les comptes du Tréſorier, ſi elle n'eſt vérifiée par le Commiſſaire des guerres & du Corps royal.

LXXXV.

Il ne pourra être fait aucun marché ni adjudication concernant le ſervice de l'Artillerie, que par le Commiſſaire des guerres & du Corps royal en préſence de l'Officier commandant ledit corps.

LXXXVI.

Le Commiſſaire des guerres & du Corps royal ſera tenu d'envoyer tous les mois au Secrétaire d'État ayant le département de la guerre & de la marine, un état des remiſes & conſommations qui auront été faites dans les magaſins d'Artillerie ; ces états ſeront dans la forme preſcrite ci-devant.

LXXXVII.

Ce Commiſſaire enverra pareillement tous les mois un ou pluſieurs états détaillés, & par lui vérifiés, des dépenſes qui auront été faites dans le courant de chaque mois; ces états ſeront arrêtés par les Officiers qui auront été chargés de ſuivre ces dépenſes, & viſés par le Commandant de la brigade.

LXXXVIII.

Le Commiſſaire du Corps royal tiendra deux regiſtres, l'un pour les remiſes & conſommations des effets, & l'autre pour les recettes & dépenses en deniers; ces deux registres feront mention des ordres qui auront été délivrés par le Chef ou le Commandant de la brigade, & que le Commissaire aura dû viser.

L X X X I X.

Épreuve des poudres.

LES poudres destinées pour le service de la Marine, seront à l'avenir éprouvées dans les fabriques par les Officiers du Corps royal, qui recevront à cet effet des ordres du Secrétaire d'État ayant le département de la guerre & de la marine; ils se conformeront pour les épreuves à ce qui est prescrit par l'ordonnance du Roi du 18 septembre 1686; ces mêmes Officiers veilleront à ce que les barillages de ces poudres soient de bon bois, de force convenable & des dimensions prescrites.

X C.

Épreuve des canons & mortiers de fonte & de fer.

LES canons de fonte destinés pour la terre ou pour la marine, seront examinés par le principal Officier du Corps royal & le Commissaire des guerres & dudit corps, employés dans les places où sont établies les fonderies, afin de reconnoître si ces canons ont les dimensions prescrites; ils seront ensuite éprouvés, montés sur des affûts de leur calibre, en les faisant tirer cinq coups, savoir, les deux premiers chargés de poudre aux deux tiers de la pesanteur du boulet, sur laquelle il sera mis un bouchon ou valet refoulé de quatre coups, & d'un boulet bien de calibre, sur lequel on mettra un autre bouchon ou valet refoulé de trois coups; les canons seront chargés de même les trois derniers coups, mais seulement à la moitié de la pesanteur du boulet; après chaque coup d'épreuve, on examinera avec le chat & une bougie allumée, ou le miroir lorsqu'il fera du soleil, s'il n'y a point de chambres dans l'ame de la pièce, & ſi cette ame, qui doit être droite & concentrique, n'eſt point égarée & ondée. Si la pièce ſoûtient cette épreuve, on en bouchera la lumière, & on la remplira d'eau, que l'on preſſera avec un bon écouvillon, pour découvrir ſi elle ne fait point eau par quelqu'endroit.

X C I.

LES mortiers de fonte ſeront éprouvés comme ci-après; on commencera par examiner s'ils ſont des dimenſions preſcrites, on en grattera enſuite avec un inſtrument bien acéré, les endroits où l'on ſoupçonnera qu'il y aura quelque défaut; ceux dans leſquels on n'en aura pas reconnu, ſeront mis leur culaſſe en terre, leurs tourillons appuyés ſur des billots de bois, pour empêcher qu'ils ne s'enterrent; on les fera tirer trois fois avec des bombes de leur diamètre, la chambre remplie de poudre & les bombes pleines de terre mêlée de ſciûre de bois, enſuite on bouchera la lumière, on remplira le mortier d'eau, pour voir s'il s'y eſt fait quelqu'évent ou ouverture, & après l'avoir fait laver, on le viſitera de nouveau avec le grattoir, pour connoître s'il n'y a point de chambre.

X C I I.

LES canons, mortiers & pierriers qui ne ſeront pas ſuivant les dimenſions preſcrites, & ceux auxquels les Officiers du Corps royal de l'Artillerie qui ſeront chargés des épreuves, reconnoîtront des défauts capables de nuire au ſervice des pièces, ſeront rebutés, les anſes en ſeront caſſées ſur le champ, & les Fondeurs ne pourront rien prétendre pour la façon.

X C I I I.

LES pièces de canon & mortiers de fer ſeront éprouvés dans

dans les forges ou autres lieux que prefcrira le Secrétaire d'État ayant le département de la guerre & de la marine, par les Officiers du Corps royal qui recevront des ordres à cet effet; ils obferveront tout ce qui eft ordonné par les articles précédens pour l'épreuve des canons & mortiers de fonte; à l'exception que les pièces de canon de fer feront mifes à terre, appuyées feulement fous la volée près les tourillons, fur un morceau de bois ou chantier, en forte qu'elles foient pointées environ à quinze degrés; elles ne feront point éprouvées fur des affûts, comme il eft ordonné pour les pièces de fonte, & on ne leur fera tirer que les deux coups chargés aux deux tiers de la pefanteur du boulet, cette épreuve paroiffant fuffifante.

XCIV.

SA MAJESTÉ étant fatisfaite des fervices que lui a rendus jufqu'à préfent le fieur Maritz, Infpecteur général des fontes de l'Artillerie, fon intention eft qu'il ne foit fait à l'avenir aucune fonte de pièces de canon, mortiers, boulets & bombes pour le fervice de la Marine, que par les foins dudit fieur Maritz & fur les ordres qu'il en recevra uniquement du Secrétaire d'État ayant le département de la guerre & de la marine; voulant Sa Majefté que ledit fieur Maritz foit feul chargé de les faire exécuter & d'en rendre compte: Il aura la plus grande attention à ce que les bouches à feu & fers coulés foient des dimenfions prefcrites, qu'ils foient faits avec des métaux bien alliés ou de fer bien liant & de bonne qualité, tels que Sa Majefté puiffe en attendre le meilleur fervice.

XCV.

L'INTENTION de Sa Majefté eft pareillement que le fieur Maritz aille vifiter & infpecter auffi fouvent que le ſervice l'exigera, les différentes forges occupées pour le ſervice de l'Artillerie & de la Marine; Et Elle veut & entend que ce qui ſera preſcrit dans leſdites forges par le ſieur Maritz, y ſoit obſervé & exécuté ſans difficulté.

XCVI.

Armes de guerre.

VEUT Sa Majeſté que toutes les armes à feu ou les armes blanches dont on aura beſoin à l'avenir dans les différens ports du royaume pour ſon ſervice, ſoient tirées des manufactures établies à Saint-Étienne, Charleville & Maubeuge, pour les armes à feu, & à Klingenthal en Alſace pour les armes blanches.

XCVII.

CES différentes armes continueront d'être éprouvées & reçûes dans leſdites manufactures par les Officiers du Corps royal auxquels Sa Majeſté en aura confié l'inſpection, en ſe conformant à ce qui eſt preſcrit pour les armes de guerre que ces manufactures fourniſſent pour le ſervice de terre.

XCVIII.

LORSQU'IL ſera envoyé de ces armes dans les différens ports, l'Officier du Corps royal qui y commandera l'Artillerie, les fera viſiter exactement, en préſence d'un Officier & du Commiſſaire des guerres & du Corps royal qui réſidera dans le port; il ſera dreſſé un procès-verbal de leur ſituation, qui conſtatera les défauts qui y ſeront reconnus, en diſtinguant ceux qui proviendroient de la fabrique ou qui auroient été occaſionnés par le tranſport; ce procès-verbal ſera envoyé au Secrétaire d'État ayant le département de la guerre & de la marine, qui donnera les ordres convenables de ſa part en conſéquence.

XCIX.

SA MAJESTÉ ayant donné ſes ordres pour faire rendre dans chacun des ports de Breſt, Rocheſort & Toulon, un des Inſpecteurs généraux du Corps royal de l'Artillerie, ſon intention eſt qu'il s'applique à former la nouvelle brigade qui y eſt deſtinée, en ſe conformant à ce qui eſt preſcrit par la préſente ordonnance, & aux différentes inſtructions qu'Elle lui ſera remettre, & qu'il en faſſe auſſi-tôt après l'inſpection ; ſe réſervant Sa Majeſté de nommer chaque année, celui deſdits Inſpecteurs auxquels Elle jugera à propos de confier l'inſpection deſdites trois nouvelles brigades.

Inſpecteurs généraux du Corps royal de l'Artillerie.

C.

CHACUN de ces Inſpecteurs déterminera, de concert avec le Commandant du port & l'Intendant de la Marine, les bâtimens, magaſins & emplacemens néceſſaires & convenables au ſervice de l'Artillerie, dans le port où il ſera envoyé ; il preſcrira l'ordre qui devra être obſervé pour l'arrangement des munitions, ainſi que pour les formalités à ſuivre au ſujet des différentes recettes & dépenſes, ſoit en munitions, ſoit en deniers.

CI.

IL prendra dans chaque port les connoiſſances les plus exactes des réparations & conſtructions relatives aux bâtimens & attirails de l'Artillerie, ainſi que des approviſionnemens à faire en toutes eſpèces de munitions de guerre ; il en enverra des états détaillés au Secrétaire d'État ayant le département de la guerre & de la marine, qui lui fera connoître les intentions de Sa Majeſté à cet égard.

CII.

CHAQUE Inſpecteur déterminera dans les ports de

Brest, Rochefort & Toulon, les emplacemens convenables pour y établir les Écoles de pratique pour le tir du canon & le jet des bombes, qui se feront à l'avenir sur terre & à la mer.

C I I I.

LES Chefs & autres Officiers des trois nouvelles brigades du Corps royal, se conformeront avec la plus grande exactitude à ce qui leur sera prescrit par lesdits Inspecteurs, & ils leur rendront compte de l'exécution des ordres qu'ils en auront reçûs.

C I V.

LES Inspecteurs du Corps royal qui inspecteront chaque année les nouvelles brigades, informeront avec exactitude le Secrétaire d'État ayant le département de la guerre & de la marine, de la bonne conduite, du zèle, de l'application & des progrès de tous les Officiers desdites brigades, ainsi que de tous les Employés au service de l'Artillerie dans les différens ports, pour le mettre en état d'en rendre compte à Sa Majesté.

C V.

LES Inspecteurs généraux du Corps royal jouiront dans les ports du département qui leur aura été assigné, de tous les honneurs attribués aux autres Inspecteurs généraux des troupes, conformément aux articles V & DI de l'ordonnance du 25 juin 1750.

C V I.

LORSQUE les Inspecteurs qui seront envoyés dans les ports de Brest, Rochefort & Toulon, se porteront à la rade pour y choisir & déterminer l'emplacement le plus propre aux Écoles de pratique qui se feront à l'avenir à la mer, ou qu'ils traverseront le port pour quelqu'autre objet que ce ſoit, ils jouiront des honneurs attribués aux grades dont ils ſeront revêtus, devant être dans ces occaſions regardés & traités comme Officiers généraux de la Marine.

C V I I.

Service des nouvelles brigades du Corps royal ſur les vaiſſeaux.

LORSQUE Sa Majeſté fera armer des vaiſſeaux, Elle réglera le nombre de Bombardiers & Canonniers du Corps royal qu'il conviendra de mettre ſur chaque vaiſſeau.

C V I I I.

LES Officiers du Corps royal qui ſeront embarqués avec les détachemens dudit Corps, prendront ſur les vaiſſeaux le rang qui leur eſt dû ſuivant le grade dont ils ſeront revêtus dans la Marine.

C I X.

TOUS ces Officiers feront le ſervice ſur les vaiſſeaux ainſi que les Officiers de l'État-major des vaiſſeaux, & dans les actions ils ſeront particulièrement affectés au ſervice du canon.

C X.

LES galiotes à bombes ſeront commandées par des Officiers du Corps royal de l'Artillerie, qui armeront par préférence ſur ces bâtimens & ſur les flûtes de tranſport de munitions de guerre en cas d'expédition; & s'il n'y avoit pas aſſez d'Officiers du Corps royal pour ce ſervice, les Commandans de ces bâtimens & leurs ſeconds ſeront pris dans le Corps royal de l'Artillerie, & les ſubalternes parmi les Lieutenans & Enſeignes de vaiſſeaux. A l'égard des brûlots, ils ſeront commandés par ceux des Officiers de la Marine, auxquels Sa Majeſté jugera à propos d'en donner la commiſſion.

C X I.

Sa Majesté voulant remédier à la trop grande consommation de poudre qui se fait dans les ports & à la mer à l'occasion des différens saluts ou réjouissances, son intention est qu'à l'avenir les pièces de canon qu'il est d'usage de tirer dans ces occasions, ne soient chargées qu'au quart de la pesanteur du boulet.

C X I I.

Écoles pour les nouvelles brigades du Corps royal.

Sa Majesté ayant ordonné l'établissement d'une École dans chacun des ports de Brest, Rochefort & Toulon, son intention est que le commandement desdites Écoles soit toûjours dévolu aux Chefs des brigades ou aux Officiers qui les commanderont en leur absence.

C X I I I.

Il sera entretenu dans chacune de ces Écoles un Professeur de Mathématiques, un Répétiteur, & un Maître de dessein, lesquels seront payés des appointemens qui leur seront réglés sur les revûes des Commissaires des guerres & du Corps royal.

C X I V.

Il y aura tous les jours École de théorie ou de pratique, excepté les jours de Dimanches & de Fêtes. Les Écoles de théorie se tiendront régulièrement les mardi, jeudi & samedi depuis neuf heures jusqu'à midi; les deux premières heures seront employées à suivre le cours de Mathématiques du sieur Camus, dont il sera envoyé à cet effet un nombre suffisant d'exemplaires, & la dernière heure sera employée à expliquer le traité de la Navigation du sieur Bouguer, celui de la Construction du sieur du Hamel, & le traité de Tactique navale en usage dans les salles des Gardes de la Marine à Brest.

C X V.

VEUT & entend Sa Majeſté que le traité d'Artillerie propre à la Marine, auquel Sa Majeſté a ordonné de travailler, ſoit ſuivi dans leſdites Écoles dès qu'il y aura été envoyé.

C X V I.

AUCUN des Lieutenans des nouvelles brigades ne pourra ſe diſpenſer d'aſſiſter à la ſalle de théorie & d'y prendre les leçons que l'on y donnera; il ſera commandé tous les jours de ſalle, un Capitaine pour y préſider & veiller à ce que le ſilence y ſoit exactement obſervé, ce Capitaine ſera tenu, après la ſalle, de rendre compte au Chef-de-brigade ou à celui qui la commandera, de ce qui s'y ſera paſſé, afin que le Chef puiſſe faire punir ceux qui, ſans y être autoriſés, auroient manqué de s'y trouver, ou ceux qui y auroient cauſé du deſordre & ne s'y ſeroient pas comportés avec la décence convenable; le Colonel ou le Lieutenant-colonel de chaque brigade aſſiſtera à ces ſalles autant qu'il ſe pourra, & un Officier-major de la brigade s'y trouvera régulièrement, pour rendre compte au Capitaine qui préſidera, des Officiers qui ſeroient abſens pour raiſons de ſervice ou autres légitimes.

C X V I I.

L'APRÈS-MIDI des jours qu'il y aura ſalle de théorie, il ſera donné des leçons de Phyſique expérimentale & des leçons de deſſein, dont le Chef-de-brigade preſcrira les objets, ces leçons dureront depuis deux heures juſqu'à quatre & demie, tous les Lieutenans ſeront obligés d'y aſſiſter, & il ſera commandé un Capitaine pour y préſider.

C X V I I I.

Les lundi, mercredi & vendredi seront destinés à l'École de pratique; l'intention de Sa Majesté est que les Officiers & Soldats des trois nouvelles brigades, soient également instruits au tir du canon & du mortier sur terre & sur mer; il sera à cet effet choisi par les Officiers du Corps royal, chargés de former & d'assembler lesdites brigades, un endroit où l'on puisse dresser une batterie de canon & de mortiers, & trouver une butte naturelle ou en élever une dans laquelle on puisse tirer, afin de perdre le moins de boulets qu'il sera possible; on se conformera dans cette partie d'École de pratique, à ce qui sera ordonné ci-après pour les anciennes brigades du Corps royal, & aux usages que l'on suit dans l'Artillerie de terre, dont les Inspecteurs donneront la connoissance.

C X I X.

L'intention de Sa Majesté étant que les Officiers, Bombardiers & Canonniers des nouvelles brigades, soient instruits & exercés au tir du canon & du mortier, il sera commandé chaque jour un nombre de Bombardiers & de Canonniers, commandés par des Officiers de la brigade, pour se rendre à cette École de pratique les jours marqués, & l'on y observera autant qu'il se pourra, tout ce qui sera prescrit ci-après pour les anciennes Écoles du Corps royal; ce détachement sera toûjours commandé par un Capitaine, & un des Officiers supérieurs de la brigade s'y trouvera régulièrement.

C X X.

L'intention de Sa Majesté étant que les nouvelles brigades soient également instruites au service de terre, pour y être employées utilement dans les circonstances,

&

& au ſervice de l'Artillerie qu'elles auront à remplir dans les vaiſſeaux ; veut à cet effet Sa Majeſté que l'École de pratique ſe tienne ſur la mer à l'endroit jugé convenable par l'Inſpecteur du Corps royal, de concert avec le Commandant de la Marine dans le port; cette École devant être le ſimulacre de ce qui s'exécute pour la partie de l'Artillerie ſur les vaiſſeaux, elle ſe tiendra ſur un bâtiment qui ſera fourni à l'Artillerie, ainſi que les canots & autres bâtimens qui pourront lui être néceſſaires, & qui reſteront à la garde & à l'entretien de l'Artilerlie.

C X X I.

On ſuivra le traité d'Artillerie qui doit être dreſſé pour la Marine dans les leçons de théorie qui ſeront données aux Bombardiers & Canonniers des nouvelles brigades, qui ſeront jugés en état de profiter de ces leçons, & nul Sergent, Bombardier ou Canonnier deſdites brigades ne pourra parvenir aux places de Maître ou de Second-canonnier ſur les vaiſſeaux, qu'il n'ait répondu en préſence de ſes concurrens, à l'examen qu'on lui fera ſubir ſur ledit traité, & qu'il n'ait mérité un certificat de capacité.

C X X I I.

Les leçons de théorie pour les Bombardiers & Canonniers, ſeront données par le Maître-canonnier de port ou Canonnier-royal, ainſi qu'il s'eſt pratiqué juſqu'à préſent; il ſera aidé journellement par deux Sergens du Corps royal & par deux Maîtres-canonniers entretenus, qui rempliront ſucceſſivement ce ſervice pendant huit jours.

C X X I I I.

Un Officier du Corps royal préſidera à cette École, qui ſera faite le matin dans une ſalle de l'Arſenal les jours où il n'y aura point d'École de pratique.

CXXIV.

Il sera choisi un emplacement convenable où les Artificiers des nouvelles brigades pourront être instruits; cet emplacement leur servira en même temps d'attelier pour travailler aux artifices qui seront demandés pour l'armement des vaisseaux; ils seront instruits par le Maître-artificier que le Roi nommera pour remplir ce service, à toutes les espèces d'artifices en usage dans la Marine, en se conformant à ce qui sera prescrit à cet égard pour les Artificiers des six anciennes brigades du Corps royal.

CXXV.

L'intention de Sa Majesté est que dans chacune des nouvelles brigades du Corps royal, il soit choisi trois Officiers pour former la division du parc & remplir tout ce qui sera prescrit à ce sujet par la présente ordonnance aux Officiers des six anciennes brigades chargés du même service.

CXXVI.

Dans tous les cas qui ne sont pas prévûs par la présente ordonnance, & où ce qui sera ordonné par rapport aux anciennes Écoles du Corps royal, ne pourroit pas servir de règle pour le service des Écoles des nouvelles brigades, les Chefs ou autres Officiers commandant lesdites brigades s'adresseront aux Inspecteurs généraux du Corps royal, & Sa Majesté veut que ce qui sera prescrit par lesdits Inspecteurs soit exactement observé & exécuté.

CXXVII.

Service dans les ports, autres que ceux de Brest, Rochefort & Toulon.

Sa Majesté ayant réglé que le service de l'Artillerie dans les ports de Brest, Rochefort & Toulon, seroit rempli par les trois nouvelles brigades créées d'augmentation dans le Corps royal, son intention est que dans les autres ports, tels que Dunkerque, le Havre, Saint-Malo, Port-Louis, la Rochelle, Bordeaux, Bayonne, Marſeille & autres, ce ſoit les Colonels du Corps royal, Directeurs en chef de l'Artillerie, dans les départemens deſquels ces ports ſe trouveront compris, & les Officiers dudit Corps employés ſous leurs ordres, qui commandent & faſſent exécuter tout ce qui peut avoir rapport, tant à l'artillerie de terre qu'à l'artillerie de la marine, & ces Officiers ſe conformeront pour leurs fonctions à ce qui eſt preſcrit par la préſente ordonnance aux Officiers commandant les trois nouvelles brigades concernant le ſervice dans les ports de Breſt, Rochefort & Toulon.

CXXVIII.

Augmentation de deux compagnies dans chacune des ſix anciennes brigades.

SA MAJESTÉ ayant jugé convenable d'augmenter de deux compagnies de cent Canonniers, chacune des ſix anciennes brigades du Corps royal, afin de les mettre en état de pouvoir remplir le ſervice des ports qui doit leur être confié, Elle ordonne qu'il ſoit inceſſamment procédé à la levée deſdites compagnies.

CXXIX.

CHACUNE des ſix anciennes brigades du Corps royal, ſera compoſée à l'avenir de dix compagnies de cent hommes chacune, dont une de Sappeurs, ſept de Canonniers, & deux de Bombardiers.

CXXX.

CHACUNE des compagnies nouvelles de Canonniers, deſtinées pour les anciennes brigades, ſera compoſée d'un Capitaine, deux Capitaines en ſecond, deux Lieutenans en premier, deux Lieutenans en ſecond, ſix Sergens, ſix Caporaux, ſix Anſpeſſades, ſoixante-dix-neuf Canonniers & trois Tambours, & payée ſur le pied réglé par l'article VI de l'ordonnance du 5 novembre 1758, & par l'article XI de l'ordonnance du 27 février 1760, pour les appointemens, folde & traitement des Officiers & Soldats des compagnies de Canonniers des fix anciennes brigades du Corps royal.

C X X X I.

A l'égard des Maffes de ces nouvelles compagnies, il en fera ufé comme pour les anciennes.

C X X X I I.

La compagnie de Sappeurs, les fept de Canonniers & les deux de Bombardiers, qui compoferont à l'avenir chacune des fix anciennes brigades du Corps royal, ne feront plus commandées que par fept Officiers; favoir, un Capitaine, deux Capitaines en fecond, deux Lieutenans en premier & deux Lieutenans en fecond, qui continueront de jouir du traitement qui leur a été accordé par les ordonnances des 5 novembre 1758 & 27 février 1760.

C X X X I I I.

Réunion des fix compagnies de Mineurs au Corps royal de l'Artillerie.

Sa Majesté ayant reconnu que les motifs qui l'avoient déterminé à attacher les fix compagnies de Mineurs au Corps du Génie, ne rempliffent point les vûes qu'Elle s'étoit propofées, Elle veut & entend que lefdites fix compagnies de Mineurs foient féparées du Corps du Génie, & dorénavant réunies au Corps royal de l'Artillerie, de manière qu'il foit attaché à chacune des fix anciennes brigades du Corps royal, une compagnie de Mineurs, ainfi que l'eft la compagnie d'Ouvriers, ne faifant point partie de ladite brigade, quoique fubordonnée à l'Officier qui la commandera; l'intention de Sa Majefté étant que les Capitaines & autres Officiers defdites compagnies de

Mineurs, roulent entr'eux, pour leur avancement dans les grades, & pour le commandement, avec ceux des brigades, dans la même forme prefcrite par l'article IV de l'ordonnance du 27 février 1760, pour les Capitaines & autres Officiers des compagnies d'Ouvriers.

CXXXIV.

LESDITES fix compagnies de Mineurs conferveront la même compofition & les mêmes appointemens & folde dont elles jouiffent; l'intention de Sa Majefté étant feulement que la place de premier Capitaine en fecond de la première compagnie de Mineurs, foit fupprimée, & que celui qui la remplit actuellement, foit placé dans les brigades, relativement à fon ancienneté & au rang qu'il doit occuper en conféquence.

CXXXV.

VEUT Sa Majefté qu'au moyen des difpofitions portées par les articles CXXXIII & CXXXIV de la préfente ordonnance, le plus ancien Capitaine de Mineurs ceffe de commander les fix compagnies de Mineurs, en confervant cependant les neuf livres fix fols huit deniers d'appointemens par jour, dont il jouiffoit, jufqu'à ce qu'il foit parvenu à un grade dont les appointemens foient équivalens.

CXXXVI.

LE Major & l'Aide-major qui avoient été attachés aux compagnies de Mineurs, feront fupprimés & feront placés dans les anciennes ou nouvelles brigades, proportionnément au rang qu'ils doivent occuper, eu égard à leur ancienneté, & le détail defdites compagnies fera fait par les Majors des brigades auxquelles elles feront attachées.

CXXXVII.

LES Officiers, Sergens & Soldats desdites compagnies de Mineurs, porteront l'uniforme du Corps royal de l'Artillerie, tel qu'il est réglé par l'article XVI de l'ordonnance du 27 février 1760.

CXXXVIII.

SA MAJESTÉ veut bien dispenser du service des places les compagnies de Mineurs, à moins que la nécessité n'exige de les y employer, auquel cas elles exécuteront ce qui leur sera ordonné par les Commandans desdites places; & lorsqu'elles ne seront point employées aux ouvrages qui leur sont propres, l'intention de Sa Majesté est qu'elles soient occupées au service & aux travaux de l'Artillerie comme si elles faisoient partie des brigades auxquelles elles seront attachées.

CXXXIX.

Compagnies d'Ouvriers.

LES compagnies d'Ouvriers, qui, en conséquence de l'ordonnance du 27 février 1760, ont été attachées aux anciennes brigades du Corps royal de l'Artillerie, continueront d'être composées de soixante hommes chacune, & ne seront plus commandées que par quatre Officiers, savoir; un Capitaine, un Capitaine en second, un Lieutenant en premier & un Lieutenant en second qui continueront de jouir du traitement & des prérogatives qui leur ont été accordés par ladite ordonnance du 27 février 1760.

CXL.

Suppression du Lieutenant en troisième.

L'INTENTION de Sa Majesté est qu'il ne soit employé à l'avenir dans les anciennes brigades du Corps royal de l'Artillerie, non plus que dans les compagnies de Mineurs & d'Ouvriers qui leur sont attachées, aucun

Officier en qualité de Lieutenant en troisième. Mais Sa Majesté sentant la nécessité de ne faire passer dans les anciennes brigades du Corps royal que des Officiers instruits, son intention est d'entretenir quatre-vingt-seize Sous-lieutenans à raison de seize par chacune des six anciennes Écoles de ce Corps, dans lesquelles ils seront admis en sortant de l'École des Élèves ; lesdits Sous-lieutenans seront payés à raison de trente sols par jour, & tirés des anciennes Écoles pour remplir les places de Lieutenans en second, qui pourront annuellement vaquer dans les soixante compagnies dont vont être composées les six anciennes brigades, ou dans les compagnies de Mineurs & d'Ouvriers qui leur sont attachées: Entendant cependant Sa Majesté qu'ils ne soient choisis que par la distinction de leur mérite & de leurs connoissances, & sans avoir égard à leur ancienneté.

C X L I.

Commission de Capitaines à trente-six Lieutenans.

SA MAJESTÉ, vû l'augmentation de douze compagnies de Canonniers dans les six anciennes brigades du Corps royal de l'Artillerie, & voulant donner aux Officiers de ce Corps de nouvelles marques de la satisfaction qu'Elle a de leurs services, son intention est qu'à l'avenir trente-six Lieutenans desdites brigades les plus anciens ou les plus méritans, jouissent de la commission de Capitaine en ne faisant cependant que le service de Lieutenant, & sans qu'ils puissent prétendre aucune augmentation d'appointemens ; il leur sera seulement fourni trois rations de fourrage au lieu de deux qui avoient été réglées à tous les Lieutenans de ce Corps, & ce en exécution de l'article XIII de l'ordonnance du 27 février 1760.

CXLII.

SA MAJESTÉ entend que les Lieutenans des compagnies d'Ouvriers, ainſi que ceux des compagnies de Mineurs, dont Elle a ordonné par l'article CXXXIII de la préſente ordonnance, la réunion au Corps royal de l'Artillerie, participent, comme ceux des ſix anciennes brigades, auxdites commiſſions de Capitaines.

CXLIII.

Compoſition des douze nouvelles compagnies des anciennes brigades.

POUR compoſer les deux nouvelles compagnies de Canonniers, dont chaque ancienne brigade du Corps royal doit être augmentée, il ſera pris dans chacune des anciennes compagnies deſdites brigades, vingt hommes pour en former les Sergens, Caporaux, Anſpeſſades & Haute-payes; les deux cents hommes de nouvelle levée qui ſeront incorporés dans chaque brigade pour l'augmentation, ſeront répartis également dans les dix compagnies anciennes & nouvelles, à raiſon de vingt par compagnie: l'on aura attention qu'il y ait au moins dans chacune des compagnies nouvelles, deux anciens Sergens, deux anciens Caporaux & deux anciens Anſpeſſades, & de les choiſir propres aux détails & à la conduite de la troupe.

CXLIV.

L'INTENTION de Sa Majeſté étant de continuer à faire fournir aux Capitaines de Sappeurs, Canonniers & Bombardiers des anciennes brigades du Corps royal, les recrues néceſſaires au complet de leur troupe, Elle fera auſſi fournir le nombre d'hommes néceſſaires pour former les douze compagnies nouvelles de Canonniers, créées d'augmentation dans les ſix anciennes brigades du Corps royal, & Elle fera pourvoir aux fonds néceſſaires pour l'habillement l'habillement, l'armement & l'équipement de chacun de ces douze cents hommes.

CXLV.

Service des ſix anciennes brigades du Corps royal dans les places & en campagne.

LES ſix anciennes brigades du Corps royal de l'Artillerie ſe conformeront pour le ſervice qu'elles auront à remplir, ſoit dans les places, ſoit en campagne, à ce qui a été preſcrit à cet égard par l'ordonnance du 2 avril 1759.

CXLVI.

Écoles pour les anciennes brigades.

SA MAJESTÉ connoiſſant de quelle utilité ſont pour le ſervice de l'Artillerie les Écoles anciennement établies pour le Corps royal, & jugeant à propos d'expliquer plus particulièrement ſes volontés ſur ce qui devra s'y obſerver à l'avenir, Elle ordonne que les anciennes Écoles déjà établies à la Fère, Metz, Straſbourg, Grenoble, Beſançon & Auxonne, ainſi que les trois qui ſeront établies dans les ports de Breſt, Rochefort & Toulon, ſoient toûjours commandées par les Chefs, Colonels & Lieutenans-colonels deſdites brigades, auxquels ſera joint dans les ſix anciennes Écoles, le Lieutenant-colonel Sous-directeur, ſuivant ſon ancienneté, & que ces Officiers aient la diſcipline & le commandement des Écoles, la direction des études, ainſi que celle des travaux au parc & au polygone.

CXLVII.

LES Écoles, ſoit de théorie, ſoit de pratique, ſe continueront toute l'année ſans aucune interruption.

CXLVIII.

CHAQUE jour que l'on tiendra ſalle de Mathématiques, un Capitaine en premier y préſidera, & l'un des Officiers ſupérieurs de la brigade ou le Sous-directeur s'y trouvera autant qu'il ſe pourra.

CXLIX.

L'École de théorie ſe tiendra le matin trois fois la ſemaine, & durera trois heures, dont une ſera employée par le Profeſſeur ou le Répétiteur à expliquer les principes de l'Arithmétique & les élémens de la Géométrie, ſuivant le cours du ſieur Camus, pour l'inſtruction des Aſpirans & des Officiers qui auroient beſoin de ſe les rendre familiers; les deux dernières heures ſeront employées à donner aux Officiers, déjà inſtruits ſur les principes, des connoiſſances plus élevées, ſoit de la Méchanique Statique, ſoit ſur la Baliſtique, ſoit ſur la conduite & le nivellement des eaux, la théorie des mines, leur effet, leur développement, les fortifications, les parties de Phyſique & de Chymie qui ont rapport à la fonte des métaux, en obſervant particulièrement de faire appliquer aux uſages de l'Artillerie les principes de ces différentes parties de Mathématiques, pour en faire connoître la néceſſité & l'utilité.

CL.

Les Lieutenans des brigades, ceux des compagnies de Mineurs & d'Ouvriers, les Sous-lieutenans & les Aſpirans attachés aux Écoles, ſeront obligés d'aſſiſter aux leçons de théorie avec exactitude, aux heures qui leur ſeront preſcrites par l'Officier ſupérieur commandant l'École en chef.

CLI.

Sa Majesté inſtruite de l'utilité des leçons de théorie ſur les objets les plus importans de la guerre, veut qu'il ſoit choiſi par le Commandant de l'École, des jours qui ne ſeront pas deſtinés aux ſalles de Mathématiques, pour traiter de l'attaque & la défenſe des places, & principalement donner des connoiſſances ſur les emplacemens les plus propres à établir des batteries pour un ſiége ou un jour de bataille; le Commandant de l'École donnera par lui-même ou par un Officier qu'il choiſira, ſes inſtructions, pour leſquelles il ſe fera aider par le Profeſſeur de Mathématiques.

CLII.

L'OFFICIER-MAJOR de la brigade qui ſera de ſemaine, ſe trouvera à la ſalle de Mathématiques chaque jour qu'il y aura leçon de théorie, pour informer l'Officier qui y préſidera, des Officiers qui ſeront de ſervice; il lui remettra, ainſi qu'au Commandant en chef de l'École, l'état de ceux qui auroient manqué à la ſalle ſans ſujet légitime, afin qu'il leur impoſe la punition qu'il jugera à propos.

CLIII.

LES Sous-lieutenans attachés aux ſix anciennes Écoles du Corps royal, feront ſans difficulté aux ordres & ſous la diſcipline du Commandant de la brigade qui ſera en garniſon dans la place où chaque École eſt établie; voulant Sa Majeſté qu'ils faſſent le ſervice de la place, concurremment avec les Lieutenans de la brigade, & qu'ils coulent à fond après eux pour le ſervice, afin de les inſtruire des différentes fonctions qu'ils auront à remplir dans les ſuites.

CLIV.

L'OFFICIER-MAJOR de ſemaine ſera obligé de faire avertir par un Sergent de la brigade, les Aſpirans, du ſervice qu'ils auront à remplir & des ordres qu'il pourra avoir à leur donner de la part du Commandant de l'École.

CLV.

LES Majors des brigades étant chargés de veiller à

l'application des Officiers de leur brigade, des Sous-lieutenans attachés aux Écoles, & des Aſpirans qui ſe deſtinent à entrer dans le Corps, ils auront, ſous l'autorité du Commandant en chef de l'École, l'inſpection de ce qui ſe paſſera dans les ſalles de Mathématiques aux exercices du parc, au polygone ou ailleurs, lorſque leurs occupations leur permettront de s'y trouver.

CLVI.

Il ſera fait tous les ſix mois, par les Commandans de l'École aſſemblés, un examen des Lieutenans de la brigade, Sous-lieutenans & Aſpirans attachés à l'École, ſur les parties de Mathématiques qui leur auront été enſeignées à la ſalle; le Major de la brigade aſſiſtera à ces examens, pour être témoin, avec les Commandans, des réponſes & de la capacité de chaque Officier & Aſpirant; il ſera dreſſé trois états de chaque examen, ſignés deſdits Commandans & du Major de la brigade, dont l'un ſera envoyé au Secrétaire d'État ayant le département de la guerre, le ſecond reſtera au Commandant de la brigade, & le troiſième ſera annexé aux papiers de l'École.

CLVII.

Sa Majesté voulant conſerver l'émulation parmi les jeunes Officiers du Corps royal, & que leur application à l'étude ne ſe ralentiſſe jamais, Elle jugera ſur les examens dont il lui ſera rendu compte, des Sous-lieutenans qui devront avoir la préférence pour paſſer aux lieutenances qui viendroient à vaquer dans les brigades; & à l'égard des Lieutenans qui feroient connoître de la négligence ou de la mauvaiſe volonté dans leurs études ou exercices, Sa Majeſté ſe réſerve de leur en marquer ſon mécontentement par des punitions proportionnées, & en leur refuſant les graces dont ils pourroient être ſuſceptibles.

CLVIII.

Le Commandant de l'École aura attention de ne préſenter, pour remplir les places d'Élèves qui viendront à vaquer, que ceux des Aſpirans qui démontreront bien l'Arithmétique & les élémens de Géométrie, conformément à l'article premier de l'ordonnance du 8 avril 1756, joignant à leur application une conduite & des mœurs ſans reproche, dont il rendra compte, ainſi que de leur capacité, au Secrétaire d'État ayant le département de la guerre.

CLIX.

Il ſera attaché à chaque ancienne École du Corps royal, un Aide-profeſſeur, ſuffiſamment inſtruit ſur le deſſein de la fortification, des machines & attirails ſervant à l'Artillerie, pour qu'il puiſſe entretenir dans ce travail les Lieutenans des brigades & les Sous-lieutenans, en donner des régles aux Aſpirans, leur faire à tous rapporter ſur le papier les leçons de pratique qui leur auront été données ſur le terrein, & exécuter les deſſeins & autres travaux qui leur ſeront preſcrits par le Commandant de l'École; Sa Majeſté ſe réſerve de lui aſſigner un traitement, dont il jouira ſur les revûes des Commiſſaires des guerres & du Corps royal.

CLX.

Les après-midi des jours qu'il y aura ſalle de Mathématiques & pendant deux heures, l'Aide-profeſſeur donnera une leçon de théorie en répétition, ſur l'Arithmétique & les élémens de Géometrie, pour les Aſpirans & pour les Officiers qui auroient besoin de se les rappeler & de s'en rendre les démonstrations plus présentes.

C L X I.

Il sera commandé un Capitaine en second des brigades, pour présider à ces salles de répétition, auxquelles seront tenus d'assister les Officiers, les Lieutenans ou Sous-lieutenans qui seront jugés par le Commandant de l'École en avoir besoin; ce Capitaine en second devra rendre compte au Commandant de l'École, de ceux qui auroient manqué d'y assister, il lui sera remis à cet effet par un Officier-major de la brigade, l'état de tous ceux qui devront s'y trouver.

C L X I I.

Un Officier-major de la brigade ira prendre tous les jours, du Commandant en chef de l'École, les ordres relatifs au service de l'École, soit de théorie, soit de pratique.

C L X I I I.

L'École de pratique se tiendra le matin de préférence, trois fois la semaine; observant que le commerce public n'en soit pas incommodé, & pour l'éviter, il n'y en aura pas les jours de marchés auxquels les environs d'une ville sont les plus fréquentés.

C L X I V.

Les Écoles de théorie & de pratique se tiendront alternativement d'un jour à l'autre.

C L X V.

On se conformera dans les Écoles de pratique pour dresser les Sappeurs, Canonniers, Bombardiers & Mineurs à leurs différens services, à ce qui est prescrit par les règlemens & décisions donnés à ce sujet depuis l'établissement des Écoles.

CLXVI.

DANS le cas où le commandement de l'École feroit dévolu au Lieutenant-colonel Sous-directeur, il se concertera avec le Commandant de la brigade pour convenir ensemble du nombre d'hommes qui pourra être fourni pour les exercices de pratique ordonnés par lui, sans trop fatiguer la troupe & sans nuire aux autres services de la place; & en cas de difficulté, l'Officier le plus élevé en grade, ou le plus ancien à grade égal & commandant le Corps royal dans la place, donnera ses ordres, qui seront exécutés sans difficulté.

CLXVII.

LE Colonel, le Lieutenant-colonel de la brigade, & le Lieutenant-colonel Sous-directeur, assisteront alternativement aux Écoles de pratique, pour y expliquer, indiquer & faire exécuter aux Officiers & Soldats ce qui aura été réglé par le Commandant de ladite École.

CLXVIII.

SA MAJESTÉ voulant que les Officiers du Corps royal soient instruits sur tout ce qui regarde l'attaque & la défense des places, particulièrement pour l'emplacement des batteries, le Commandant de l'École, lorsque la saison le permettra, fera lever le plan du polygone par l'Aide-professeur, en présence des Lieutenans, des Sous-lieutenans & des Aspirans attachés à l'École, en sorte que chaque Officier & Aspirant en ait une copie fidèle & exacte qu'il aura dessiné lui-même, & sur laquelle chacun formera de son côté un projet d'attaque, & placera les batteries le plus avantageusement qu'il le pourra suivant les idées qu'il se sera formées d'après les leçons que le Professeur aura faites précédemment sur cette matière: ils exposeront, chacun à leur tour, à la salle de Mathématiques les après-midi des jours qui ne seront pas destinés aux leçons de théorie, & en présence des Commandans de l'École, les raisons qui les ont déterminés pour l'emplacement desdites batteries sur le plan d'attaque qu'ils auront imaginé; & en y corrigeant ce qui pourra s'y trouver de défectueux, on leur fera connoître les règles invariables que l'on doit toûjours observer pour bien diriger les feux d'attaque, soit à ricochet, soit directs, soit en brêche.

C L X I X.

SA MAJESTÉ entend que pendant chaque campagne, le Commandant de l'École fasse exécuter quelque projet de mine, suivant que le terrein le permettra, en y employant les règles convenables à cette science, & sur laquelle le Professeur, guidé par le Commandant en chef de l'École, aura fait précédemment à la salle de Mathématiques des leçons suffisamment instructives pour l'intelligence & la conduite de ces travaux.

C L X X.

LORSQUE les compagnies de Mineurs se trouveront dans les places où sont établies les anciennes Écoles du Corps royal, elles seront exercées aux travaux des mines, sous la conduite de leurs Officiers & la direction du Commandant de l'École; & pour que tous les Officiers du Corps royal aient une notion de la partie des mines, il sera commandé quelques Officiers subalternes des brigades pour aider les Officiers des compagnies de Mineurs; & lorsqu'il n'y aura point de compagnie de Mineurs dans une École, les Lieutenans en premier des brigades sous la direction du Commandant de l'École, seront chargés de

la

la conduite des galeries & fourneaux de mines, ayant ſous eux des Lieutenans en ſecond & des Sous-lieutenans, en ſorte que tous les jours de ce travail il y ait un Lieutenant en premier, un Lieutenant en ſecond & un Sous-lieutenant; le Commandant en chef de l'École, qui aura formé le projet de ces galeries & fourneaux de mine, pour faire ſauter quelqu'objet déterminé, aura attention que chaque Officier qui devra ſuivre cet ouvrage & s'en inſtruire, ſoit muni d'un plan deſſiné par lui-même & conforme au projet.

CLXXI.

LE Lieutenant en premier de jour, chargé de la conduite des galeries & fourneaux de mines, ne manquera jamais avant de quitter l'attelier, de marquer ſur le plan, relativement à l'échelle, l'ouvrage fait ſous ſes ordres, & il aura ſoin en même-temps que les Officiers qui auront travaillé avec lui faſſent les mêmes obſervations ſur leur plan particulier au retour du travail; il en rendra compte au Commandant de l'École, qui de ſon côté le communiquera à celui des Lieutenans en premier qui devra continuer le même ouvrage, afin qu'il ſoit inſtruit de ce qui reſtera à faire pour le perfectionner & l'avancer; le Commandant de l'École qui ſera de jour, tiendra la main à ce que ce travail ſoit bien dirigé & bien ſuivi.

CLXXII.

SA MAJESTÉ voulant que les Soldats des ſix anciennes brigades du Corps royal ſoient inſtruits ſur toutes les parties du travail auquel ils ſont deſtinés, relatif à l'attaque ou à la défenſe des places, & Sa Majeſté ſe réſervant d'en ordonner des ſimulacres lorſqu'Elle le jugera à propos, Elle ordonne que l'on rétabliſſe & que l'on entretienne ſoigneuſement les fronts de fortifications élevés aux champs d'exercice des Écoles de la Fère, de Metz, Straſbourg, Grenoble & Beſançon, & qu'il en ſoit tracé & élevé un ſemblable pour l'École d'Auxonne, dans l'endroit qui ſera jugé le plus convenable.

CLXXIII.

L'INTENTION de Sa Majeſté eſt que tous les Soldats du Corps royal, indifféremment, ſoit Sappeurs, Canonniers ou Bombardiers, ſoient inſtruits à ſervir le canon, les mortiers, les obuziers & les pierriers, à manier proprement les terres des batteries, à faire des faſcines, des piquets, à former des ſauciſſons, façonner des gabions, des claies, des tunages, à lever & poſer des gaſons proprement; ils ſeront tous exercés à ces différens travaux; obſervant cependant d'inſtruire plus particulièrement les Sappeurs à conduire & former les ſappes, & les obligeant d'y travailler couverts de leurs armes, afin de les y habituer, leur apprenant à raiſonner ſur le genre & la direction de leur travail, & les précautions qu'ils devront prendre relativement à ce qu'ils ont à craindre des ouvrages de la place & de la direction de leurs feux.

CLXXIV.

ON aura de même l'attention d'inſtruire particulièrement les Artificiers & Bombardiers au jet des bombes & au tir des obuziers, en leur faiſant connoître les précautions avec leſquelles les mortiers doivent être chargés & pointés, ſoit pour que la bombe tombe, d'une grande élévation, ſur les ouvrages ou bâtimens que l'on veut enfoncer, ſoit que l'on ne veuille qu'incommoder les ennemis par les éclats; il eſt important de les inſtruire ſur la façon de charger la bombe & sa fusée, & de chasser la fusée de manière qu'il n'en puisse résulter aucun accident.

C L X X V.

Le Commandant de l'École donnera par écrit à l'Officier-major de la brigade, l'ordre & la distribution pour les détachemens destinés aux exercices de pratique, & cet Officier lui remettra les noms des Officiers qui devront être commandés pour ce service.

C L X X V I.

L'INTENTION de Sa Majesté étant que les jeunes Officiers du Corps royal soient instruits des différens travaux qui se feront à l'École de pratique, pour être en état de les conduire; les Commandans de l'École auront une singulière attention à ce que lesdits Officiers entendent bien dans quelle vûe il leur est recommandé de prendre garde que le Soldat manie proprement les terres & avec activité, que les talus soient exactement observés, les alignemens bien donnés, & les raisons des précautions que l'on ordonne de prendre, soit pour le tir du canon & des mortiers, soit pour toute autre espèce de travaux.

C L X X V I I.

L'EXERCICE des bouches à feu sera toûjours commandé, de droit, par les Officiers-majors de la brigade; mais l'intention de Sa Majesté étant que tous les Officiers du Corps royal sachent commander aux Soldats qui leur sont subordonnés, tous les exercices relatifs à leur service, le Commandant de l'École devra de temps en temps faire commander l'exercice des bouches à feu par d'autres Officiers de la brigade, & même par des Sous-lieutenans attachés aux Écoles, afin que tous ſoient également inſtruits.

CLXXVIII.

Il ſera choiſi par le Commandant de l'École, un Lieutenant en premier, un Lieutenant en ſecond & un Sous-lieutenant, pour former une diviſion qui ſera chargée des détails du parc; le Lieutenant en premier remplira les fonctions de Directeur du parc, & il ſera nommé un Sergent intelligent pour faire les fonctions de Garde du parc.

CLXXIX.

Sa Majesté voulant que tous les Lieutenans & les Sous-lieutenans chargés des détails du parc, s'inſtruiſent parfaitement de tout ce qui regarde l'approviſionnement des bouches à feu, & connoiſſent l'importance de cette inſtruction pour ſon ſervice; Elle veut que les Officiers qui ſeront chargés de ce détail, ne le ſoient que pendant ſix mois, qu'ils ſoient enſuite relevés par d'autres, & que pendant tout le temps qu'ils ſeront attachés à la diviſion du parc, ils ne ſoient aſſujétis dans la place à aucun autre ſervice que celui de l'École, & qu'il en ſoit uſé de même à l'égard des Sergens qui ſeront choiſis pour faire les fonctions de Gardes du parc.

CLXXX.

Le Sergent qui fera les fonctions de Garde du parc, donnera ſes reçûs au Garde-magaſin de la place, pour les munitions qui lui auront été délivrées pour le ſervice du parc, & qui ſeront fournies ſans difficulté ſur les demandes du Commandant de l'École & par les ordres de l'Officier commandant l'Artillerie dans la place.

CLXXXI.

LE Lieutenant en premier, faiſant les fonctions de Directeur du parc, aura ſoin que le Sergent faiſant les fonctions de Garde, ſoit pourvû de deux regiſtres cottés & paraphés par le Commiſſaire des guerres & du Corps royal, ſur l'un deſquels il fera écrire en toutes lettres & ſans rature, l'inventaire des pièces de canon, attirails & munitions d'Artillerie, exiſtant dans les batteries & magaſins du parc; que cet inventaire ſoit fait dans la forme dont le Commiſſaire du Corps royal lui donnera le modèle; l'autre regiſtre ſervira au Garde du parc, à écrire de même les remiſes & conſommations de chaque quartier; les inventaires ſeront renouvelés tous les ſix mois, à chaque changement de Garde, & ſeront envoyés au Secrétaire d'État ayant le département de la guerre, après avoir été ſignés par le Garde, certifiés par le Lieutenant faiſant les fonctions de Directeur du parc, viſés par le Commandant de l'École, & vérifiés par le Commiſſaire des guerres & du Corps royal; ces états de remiſes & conſommations ſeront envoyés tous les trois mois, revêtus des formalités ci-deſſus.

CLXXXII.

LE Lieutenant en premier, Directeur du parc, aura grand ſoin que les Officiers qui ſeront employés ſous lui, ſoient bien inſtruits de ces détails, & le Commandant de l'École y tiendra ſoigneuſement la main, les Officiers du Corps royal ne pouvant donner trop d'attention à s'accoûtumer à mettre de l'ordre dans les différens détails dont ils ſont chargés, de quelque eſpèce qu'ils puiſſent être.

CLXXXIII.

LE Directeur du parç fera faire par le Sergent Garde

du parc toutes les dépenſes qui lui ſeront ordonnées par le Commandant en chef de l'École, relativement au ſervice de ladite École, & il ſera dreſſer tous les ſix mois par le même Garde un état détaillé ſigné par ledit Garde, certifié par lui, viſé par le Commandant en chef de l'École, & vérifié par le Commiſſaire des guerres & du Corps royal : cet état ſera fait triple, pour une expédition être envoyée au Secrétaire d'État ayant le département de la guerre, une autre au Tréſorier du Corps royal de l'Artillerie, avec la quittance en parchemin du Garde du parc, & la troiſième reſtera jointe aux papiers de l'École.

CLXXXIV.

LE Commandant en chef de l'École tiendra la main à ce que ces dépenſes ſoient faites pour la plus grande utilité avec toute l'économie poſſible, & n'excèdent point le fonds qui aura été ordonné par le Secrétaire d'État ayant le département de la guerre.

CLXXXV.

SA MAJESTÉ voulant que les Sergens, Bombardiers, Soldats & Artificiers des brigades ſoient inſtruits ſur toutes les parties qui concernent les artifices de guerre, les Commandans des Écoles auront attention qu'il y ait au parc un couvert fermé, commode & deſtiné ſeulement à cet uſage. Les après-midi des jours qui ne ſeront point employés aux exercices de pratique, on y fera pour ces Soldats des Écoles particulières d'Artifices ſous l'inſpection d'un des Commandans de l'École, en préſence d'un Officier de la diviſion du parc : il ſera commandé pour aſſiſter à ladite École deux Lieutenans ou Sous - lieutenans; les Soldats - artificiers y apprendront la préparation & le mélange des matières, on leur montrera les doses déterminées par poids & par mesures des différentes matières qui entrent dans chaque pièce d'artifice de guerre, & qu'on leur fera exécuter; on leur fera voir l'utilité & l'emploi de chaque ustensile servant à la composition desdits artifices, avec la manière de s'en servir promptement & avec l'adresse convenable; l'Artificier du Roi employé à la suite de l'École, après avoir expliqué à haute voix, & le plus intelligiblement qu'il le pourra, les procédés qu'il faut observer dans la composition de l'espèce d'artifice à laquelle on devra travailler, partagera le travail de manière que tous lesdits Soldats-artificiers soient occupés à quelque chose d'utile; il aura attention de les questionner de temps en temps les uns après les autres sur ce qu'ils font & sur ce qu'ils ont intention de faire, pour connoître s'ils ont bien entendu les instructions qu'il leur aura données sur l'espèce d'artifices auxquels ils travaillent.

C L X X X V I.

POUR que lesdits Soldats-artificiers n'oublient pas les instructions qu'il auront reçûes, Sa Majesté ordonne qu'il leur soit dicté des mémoires particuliers qui puissent les leur rappeler au besoin; ordonne aussi Sa Majesté au Major de chaque brigade, de tenir la main à ce que chaque Sergent de Bombardiers & Soldat-artificier, soit muni d'un petit registre, sur lequel ils puissent écrire eux-mêmes les leçons qui leur seront dictées par l'Artificier du Roi, dans l'endroit que le Commandant de l'École indiquera pour les assemblées. Ce même Artificier fera lire & expliquer par chacun d'eux, en présence du

Commandant de l'École de jour & d'un Officier-major de la brigade, ce qu'ils auront écrit, pour connoître s'ils l'ont fait correctement & s'ils le comprennent.

CLXXXVII.

LES Sous-lieutenans attachés aux Écoles devant passer aux Lieutenances qui viendront à vaquer dans les anciennes brigades du Corps royal, Sa Majesté veut qu'ils soient armés & équipés, ainsi que les autres Officiers desdites brigades, qu'ils soient exercés au maniement des armes & aux évolutions militaires; & lorsque la brigade, ou partie seulement, s'assemblera pour ces espèces d'exercice, que le Commandant de l'École les fasse commander tous, ou le nombre d'eux qu'il jugera convenable, pour faire l'exercice avec la troupe: ils feront répartis à cet effet par le Major dans les différentes compagnies.

CLXXXVIII.

CHAQUE jour d'exercice de pratique il sera désigné par le Commandant de l'École, le nombre de Sous-lieutenans qui devront marcher avec le détachement, ainsi que les Officiers de la brigade, & dans les places qui leur seront assignées une fois pour toutes; ils passeront de même à la suite de la brigade les revûes des Inspecteurs & des Commissaires du Corps royal.

CLXXXIX.

SA MAJESTÉ instruite qu'il est difficile que les Officiers du Corps royal sachent bien commander l'exercice du canon & du mortier, s'ils ne l'ont pratiqué eux-mêmes, Elle ordonne que la division des Sous-lieutenans qui marchera avec le détachement à l'École de pratique, soit employée à servir une pièce de canon du calibre de quatre, ou un mortier, alternativement d'un jour à l'autre; le le Commandant de l'École de jour aura attention que pour le ſervice du canon leſdits Sous-lieutenans tiennent eux-mêmes les leviers, qu'ils ſuivent exactement les commandemens généraux de la batterie, qu'ils écouvillonnent & qu'ils chargent la pièce, qu'ils pointent, qu'ils donnent du flaſque, &c. Et pour les guider plus ſûrement, il leur ſera attaché le Lieutenant en premier du détachement, qui les fera placer convenablement, & qui leur indiquera tous les mouvemens relatifs au commandement général de la batterie. A l'égard du ſervice du mortier, il leur ſera donné deux Soldats-bombardiers pour faire les manœuvres trop peſantes, & mettre le feu au mortier; le Lieutenant en premier du détachement qui leur ſera attaché, de même que pour le ſervice du canon, les inſtruira des précautions à prendre dans le ſervice du mortier pour éviter les accidens; il leur montrera à prendre la direction ſur l'objet & à pointer promptement, enfin il les dirigera dans tout ce qu'il faudra faire pour remplir ces exercices avec l'adreſſe & l'activité néceſſaires.

C X C.

Sa Majesté ſachant combien il eſt important aux Officiers du Corps royal de connoître les poſitions les plus avantageuſes aux batteries un jour de bataille, ou pour l'attaque & la défenſe d'un poſte, Elle ordonne que, lorſque la ſaiſon le permettra, le Commandant de l'École choiſiſſe un terrein ſur lequel il puiſſe ſuppoſer des armées rangées en bataille ou retranchées dans un poſte, & ſur lequel ces troupes pourront être déſignées par des piquets. Les Lieutenans & Sous-lieutenans auront le plan exact de ce terrein qu'ils auront levé avec le ſecours de l'Aide-profeſſeur & deſſiné eux-mêmes; chaque

Officier, d'après les leçons particulières qui leur auront été données précédemment ſur ces matières, fera ſon projet d'emplacement de batteries, qu'il placera ſur ſon plan, enſuite il indiquera ſur le terrein, par des jalons, l'emplacement des batteries qu'il croira le plus avantageux, ſoit pour l'attaque, ſoit pour la défenſe, en expliquant les raiſons qui l'auront déterminé. Ces emplacemens ſeront rectifiés ou approuvés par le Commandant de l'École qui ſera de jour, qui expliquera à ces Officiers les règles qui doivent les conduire relativement à la connoiſſance du terrein ſur lequel on opère; & le plan ainſi rectifié & le mémoire raiſonné qui doit l'accompagner, ſera remis au Commandant en chef de l'École, pour qu'il puiſſe juger de l'application & de l'intelligence de chaque Officier, & en rendre compte dans l'occaſion au Secrétaire d'État ayant le département de la guerre.

C X C I.

SA MAJESTÉ voulant que les Officiers du Corps royal connoiſſent à la ſeule inſpection & même à une certaine diſtance, les figures que doivent faire les différens ouvrages qui entrent ordinairement dans la fortification régulière & irrégulière, Elle enjoint au Commandant en chef de chaque École, de prendre quelques ſemaines de la belle ſaiſon, pour que le Profeſſeur & l'Aide-profeſſeur, tracent en raſe campagne, dans un terrein propre, où l'on ne puiſſe cauſer aucun dommage, des fronts de fortification, avec des dehors marqués par des jalons, avec un tracé léger, mais aſſez ſenſible pour que les Officiers préſens à cet ouvrage puiſſent remarquer le contour & la forme des pièces qui compoſeront ce polygone; le Commandant de jour leur fera lever le plan de ce polygone à une certaine distance, pour qu'ils apprennent à se servir des instrumens propres à cet usage, à y appliquer les règles de la Géométrie, & connoître les lignes dont on cherche la position respective & les longueurs.

CXCII.

Les Officiers du Corps royal ne devant rien ignorer de tout ce qui regarde le service & l'exécution de l'Artillerie, Sa Majesté ordonne aux Commandans de chaque École de choisir quelques semaines, à leur volonté, & les jours qu'il n'y aura point eu de salle de Mathématiques, pour être employés à la lecture & à l'étude de bons mémoires sur la composition de la poudre & des artifices de guerre de toutes espèces, sur la fonte des pièces de canon & des mortiers, sur l'alliage des matières qui entrent dans leur composition, sur la manière de couler les bombes & les boulets pour leur plus grande perfection, sur la fabrique des armes blanches & à feu, sur les moyens d'en découvrir les défauts & de les éviter, sur la façon d'en faire les épreuves, sur la construction des ponts, la manière de les jeter promptement & de les replier de même, sur la formation des équipages de siége & de campagne, sur l'approvisionnement des places en munitions de tous genres, relativement à la quantité des bouches à feu, aux durées de siéges, au cas d'attaque ou de défense, & à la force des armées; il sera aussi donné des mémoires pour indiquer les formules des différens états & procès-verbaux qu'un Officier d'Artillerie est souvent dans le cas de former, & qu'il ne peut faire d'une manière uniforme & conformément aux intentions de Sa Majesté, s'il n'y a été préparé par des inſtructions qu'il aura dû recevoir dans les Écoles.

CXCIII.

L'INTENTION de Sa Majeſté étant que les inſtructions ne ſoient jamais ralenties dans les Écoles qu'Elle a établies pour le Corps royal, Elle veut que pendant quelques ſemaines de l'année & dans les temps les plus favorables, au choix des Commandans de chaque École, le Profeſſeur donne le matin ou l'après-midi des jours qu'il n'aura pas tenu la ſalle de Mathématiques, quelques leçons de Phyſique expérimentale, les plus utiles à l'intelligence de ce que doit ſavoir un Officier du Corps royal; qu'il faſſe, en préſence de ces Officiers, quelques procédés de Chymie pour l'analyſe, la décompoſition des métaux, leur mélange & ce qui en réſulte, & que ces inſtructions roulent toûjours ſur des objets qui regardent plus particulièrement le ſervice de l'Artillerie.

CXCIV.

LES Commandans de chaque École auront attention que les jeunes Officiers apprennent & connoiſſent toutes les parties des pièces de canon, des mortiers, des affûts & de tous les attirails ſervant à l'Artillerie, les noms des différens outils dont ſe ſervent les ouvriers qui y ſont attachés & employés, celui des machines propres à l'Artillerie, ainſi que la manière de les manœuvrer aiſément & avec adreſſe; enfin les noms de tous les uſtenſiles qui peuvent entrer dans la compoſition d'un équipage de campagne ou de ſiége, avec l'emploi qu'on en doit faire: Ces jeunes Officiers ſeront tenus de faire eux-mêmes les deſſeins & les développemens des machines

& attirails les plus essentiels, en y observant les diminutions ordonnées ou convenues pour chaque partie; & pour qu'ils puissent prendre une connoissance plus exacte de la construction des attirails, & se mettre en état de les faire construire d'eux-mêmes dans les différens endroits où ils pourront être détachés par la suite, le Commandant de l'École fera commander tous les jours quelques-uns de ces jeunes Officiers pour suivre les travaux & constructions qui s'exécuteront dans les Arsenaux des places où sont établies les Écoles, & on nommera un Capitaine en second de la brigade pour veiller à ce qu'ils s'y rendent exactement, & leur donner ou leur faire donner par les Chefs d'ouvriers les explications dont ils auroient besoin.

C X C V.

Comme il est important que tous les Officiers du Corps royal soient en état de commander par eux-mêmes toutes les manœuvres en usage & nécessaires dans le service de l'Artillerie, il sera envoyé de jeunes Officiers pour être présens aux manœuvres qui s'exécuteront dans les places où sont établies les Écoles, ou à celles qui seront ordonnées pour l'instruction des Sergens & Soldats; & lorsque ces Officiers en seront suffisamment instruits, ils seront chargés de les commander & de les faire exécuter eux-mêmes.

C X C V I.

Sa Majesté enjoint à tous les Commandans des Écoles du Corps royal, de tenir la main à ce que les Professeurs & Aides-professeurs remplissent utilement leurs fonctions, qu'ils donnent les instructions ordonnées & convenues avec la plus grande clarté, & qu'ils y emploient tout le temps prescrit pour que les Officiers qui les écoutent puissent en tirer tout le fruit qu'on doit en attendre. Les Commandans desdites Écoles auront attention qu'il ne reste à ces jeunes Officiers aucun doute sur les Sciences qui feront le sujet des leçons & l'objet des instructions.

CXCVII.

SA MAJESTÉ ordonne aux Chefs-de-brigades, & autres Officiers qui se trouveront commander les Écoles, d'avoir la plus grande attention à ce que tous les Officiers qui leur sont subordonnés soient assidus aux instructions prescrites par la présente ordonnance, & s'appliquent à acquérir les connoissances utiles à son service; ils rendront compte régulièrement du progrès ou de la négligence de chacun desdits Officiers au Secrétaire d'État ayant le département de la guerre, ainsi qu'aux Inspecteurs généraux du Corps royal, & ce ne sera que sur leurs témoignages que les Officiers dudit Corps pourront espérer de l'avancement & les graces de Sa Majesté.

CXCVIII.

École des Élèves.

L'ÉCOLE des Élèves continuera d'être commandée, tant pour la discipline que pour la direction des études, par un Lieutenant-colonel du Corps royal commandant en chef, un Capitaine en premier commandant en second, & un Capitaine en second commandant en troisième, auxquels Sa Majesté veut bien attribuer des appointemens extraordinaires par chaque année, savoir; quinze cents livres au Lieutenant-colonel commandant en chef, douze cents livres au Capitaine en premier commandant en second, & mille livres au Capitaine en second commandant en troisième, desquels appointemens extraordinaires ils jouiront pendant le temps qu'ils seront employés à ces commandemens; ils seront payés sur les revûes des Commissaires des guerres.

CXCIX.

L'INTENTION de Sa Majesté est que nul sujet ne soit admis à l'École des Élèves s'il ne sait au moins l'Arithmétique démontrée & les élémens de la Géométrie, conformément à l'article premier de l'ordonnance du 8 avril 1756.

CC.

IL y aura tous les matins des jours ouvrables, leçon de théorie qui durera trois heures, depuis neuf heures jusqu'à midi, & tous les après-midi des mêmes jours ouvrables, leçon de dessein depuis deux heures jusqu'à quatre, excepté les jours où les Élèves seront conduits à des leçons de pratique qui leur tiendront lieu de leçons de théorie ou de dessein, selon le temps où ils y auront été employés; & depuis quatre heures jusqu'à six il y aura salle de répétition pour ceux des Élèves qui ne seront pas suffisamment instruits des principes de l'Arithmétique & de ceux de la Géométrie.

CCI.

SA MAJESTÉ, en entretenant un Aide-professeur de Mathématiques à la suite de l'École des Élèves, veut qu'il fasse tous les jours la salle de répétition indiquée, depuis quatre heures de l'après-midi jusqu'à six, & sur les matières convenues avec le Commandant de l'École; Elle veut aussi qu'il soit obligé de donner des leçons particulières à ceux des Élèves que le Commandant de l'École pourroit lui indiquer & qui auroient besoin de plus amples explications que celles des salles ordinaires, pour bien entendre & saisir les démonstrations des théorèmes difficiles, & lever les difficultés qui leur resteroient après lesdites explications.

CCII.

La compagnie des Élèves du Corps royal devant être composée de cinquante sujets, & l'instruction ne pouvant se faire pour tous à la fois avec un égal succès, l'intention de Sa Majesté est qu'elle soit divisée en deux classes, l'une pour le lundi & l'autre pour le mardi; la classe qui aura assisté le lundi aux leçons de théorie, viendra le mardi à la salle de l'après-midi pour le dessein, & celle qui aura assisté le lundi à la salle de dessein, viendra le mardi aux leçons de théorie, & ainsi de suite pour les autres jours de la semaine, suivant cette alternative qui paroît la plus sûre pour le progrès des études.

CCIII.

Les trois heures destinées à la théorie, se diviseront en deux parties d'une heure & demie chacune, la première sera employée à faire répéter aux Élèves les matières qui leur auront déjà été expliquées; & pendant la seconde le Professeur expliquera les théorèmes, les Élèves les répéteront sur le champ & à mesure que l'explication s'en fera, pour que lesdits Élèves en saisissent mieux les difficultés, & qu'ils apprennent à se servir facilement des termes propres pour se faire entendre.

CCIV.

Un des Commandans de l'École des Élèves présidera tous les jours à toutes les instructions & à tous les exercices qui se feront aux salles de Mathématiques, à celle de dessein,

deſſein, & ailleurs où les Élèves ſeroient aſſemblés, pour y maintenir le bon ordre, y faire obſerver le ſilence & contenir chacun dans le devoir preſcrit.

C C V.

Le Commandant de l'École des Élèves qui préſidera aux Salles, nommera ceux qui doivent répondre au tableau, il tiendra une note de leurs réponſes, qu'il remettra à la fin de chaque ſemaine à celui qui commande ladite École des Élèves, pour qu'il puiſſe juger de la capacité & du progrès de chaque Élève dans les études, & qu'il ſoit toûjours en état d'en rendre compte au Secrétaire d'État ayant le département de la guerre.

C C V I.

Le Commandant de l'École des Élèves conviendra avec les autres Commandans & le Profeſſeur, des matières qui devront être expliquées par ledit Profeſſeur aux ſalles de Mathématiques, & être répétées par les Élèves, ſuivant la capacité de la claſſe où ils ſe trouvent; obſervant toûjours de ne pas s'écarter du cours ordonné pour les inſtructions de l'École, & auquel le Profeſſeur ſera obligé de ſe conformer ſans y rien changer.

C C V I I.

La figure, l'ornement, l'architecture civile & militaire, le plan, la fortification, les attirails, les machines, & principalement celles qui ſervent à l'Artillerie, &c. feront l'occupation des Élèves pendant le temps deſtiné à la Salle de deſſein; le Profeſſeur de deſſein leur donnera les connoiſſances dont ils auront beſoin ſur toutes ces parties, & leur fera des leçons relatives à chaque genre de travail auquel ils ſeront attachés.

CCVIII.

L'INTENTION de Sa Majesté étant que les Élèves du Corps royal soient bien instruits sur toutes les parties du dessein qui leur convient, & le Professeur de dessein attaché à la suite de cette École, ne pouvant suffire seul à donner à chaque sujet les leçons particulières qui leur sont absolument indispensables pour l'intelligence & les règles du dessein auquel ils s'appliquent; Elle veut qu'il soit donné audit Professeur, un Aide qui puisse enseigner aux commençans les principes de l'art du dessein, soit pour la figure, soit pour la fortification & faciliter aux jeunes Élèves l'adresse convenable & les connoissances nécessaires pour y faire des progrès; cet Aide-professeur de dessein sera payé sur les revûes du Commissaire des guerres & du Corps royal, des appointemens qui lui seront assignés.

CCIX.

ÉTANT essentiel que les Officiers du Corps royal, non seulement sachent les règles du dessein, mais s'habituent à les mettre en pratique, les Commandans de l'École tiendront la main à ce que les Elèves ne négligent point cette partie, sous prétexte de défaut de talent naturel pour y réussir; l'intention de Sa Majesté est à cet effet que le Commandant de l'École, dans les premiers jours de Janvier & de Juillet de chaque année, rende compte au Secrétaire d'État ayant le département de la guerre, de ceux des Élèves en qui il remarquera de la négligence ou de la mauvaise volonté si préjudiciables aux progrès des Sciences & d'un exemple si pernicieux.

CCX.

LE Commandant de l'École des Élèves du Corps

royal, pourra changer les heures des leçons de théorie, de deſſein & de répétition, ſuivant les temps & ce qu'il croira le plus convenable au progrès des études; mais il ne pourra jamais les interrompre ni les ſuſpendre ; l'intention de Sa Majeſté eſt que les exercices établis ſe continuent pendant toute l'année ſans relâche & avec l'activité qu'exige néceſſairement la prompte inſtruction deſdits Élèves.

CCXI.

SA MAJESTÉ deſirant que les Élèves du Corps royal ſoient inſtruits principalement ſur les parties qui peuvent avoir du rapport aux Sciences auxquelles ils s'appliquent; voulant étendre leurs connoiſſances le plus qu'il ſera poſſible, & les mettre en état de s'élever à de plus hautes études, & la Phyſique expérimentale répondant à ces vûes, il ſera nommé en conſéquence par Sa Majeſté un Profeſſeur pour faire auxdits Élèves, pendant les mois d'Août & de Septembre de chaque année, un cours de Phyſique expérimentale, en ſuivant pour cela celui que l'Abbé Nollet a rédigé en forme de leçons, Sa Majeſté ſe réſervant de former à cet effet dans l'endroit où eſt établie l'École des Élèves dudit Corps royal, un cabinet de machines & d'inſtrumens de Phyſique expérimentale en quantité ſuffiſante pour cette inſtruction; il ſera donné avis au Commandant de l'École de l'arrivée dudit Profeſſeur de Phyſique, pour qu'il puiſſe prendre des arrangemens convenables aux autres inſtructions de l'École, leſquelles ne doivent jamais être interrompues ni ſuſpendues, dans quelque temps & ſous quelque prétexte que ce puiſſe être.

CCXII.

SA MAJESTÉ inſtruite que pour l'intelligence de

plusieurs leçons de la Physique expérimentale, qui roulent sur le système du monde, il est nécessaire d'avoir quelques connoissances préliminaires de la Cosmographie, Elle veut que pendant quelques semaines avant les mois d'Août & de Septembre de chaque année, & au choix du Commandant de l'École, sans cependant en interrompre ni suspendre les autres exercices ordonnés, il soit fait par le Professeur, à ceux des Élèves les plus en état d'en profiter, des leçons de Cosmographie & de Géographie pour que lesdits Élèves puissent comprendre & entendre les instructions qu'on pourra leur donner sur les globes terrestres & célestes, & sur les différens mouvemens vrais ou apparens de tous les corps qui composent l'Univers.

CCXIII.

DÉFEND Sa Majesté d'admettre aucun Étranger aux leçons & aux exercices des Écoles des Élèves, ni même aucuns Officiers des Écoles & des brigades du Corps royal en résidence dans l'endroit où est établie ladite École, conformément aux articles XIII & XXV de l'ordonnance du 8 avril 1756, pour que les jeunes Élèves dudit Corps royal ne soient point détournés dans leurs études par aucunes dissipations étrangères, & que les Commandans soient plus en état d'y faire observer le bon ordre.

CCXIV.

L'INTENTION de Sa Majesté étant que les Élèves du Corps royal subissent deux fois l'année un examen sur les Mathématiques, & qu'ils fassent voir les desseins qu'ils auront travaillés à la salle depuis le dernier examen, il sera envoyé à cet effet dans les mois de Juillet & de

Décembre de chaque année un Examinateur nommé par Sa Majesté pour connoître les progrès que lesdits Élèves auront fait dans leurs études, & en rendre compte ensuite au Secrétaire d'État ayant le département de la guerre, l'examen se fera toûjours en présence des Commandans de l'École desdits Élèves.

C C X V.

VEUT aussi Sa Majesté que les Commandans de l'École des Élèves & l'Examinateur se rassemblent, après l'examen fini, pour déterminer par classes le degré de capacité de chaque Élève; il en sera dressé deux états séparés, dont l'un signé par l'Examinateur restera au Commandant de l'École, & l'autre signé par le Commandant de l'École sera remis à l'Examinateur pour lui servir à dresser ses Mémoires d'examen, & au compte qu'il doit en rendre au Secrétaire d'État ayant le département de la guerre.

C C X V I.

SA MAJESTÉ ne voulant pas que l'ancienneté prévale jamais pour l'avancement des Élèves du Corps royal, Elle décidera sur le rapport qui lui en sera fait d'après les examens, de ceux d'entr'eux qui devront être choisis pour remplir le nombre des Sous-lieutenans qui pourront manquer annuellement dans les anciennes Écoles; & ce seront toûjours les Élèves que les examens indiqueront comme les plus appliqués & les plus capables, qui auront la préférence.

C C X V I I.

LES sujets admis à l'École des Élèves du Corps royal, devant être déjà instruits de l'Arithmétique démontrée & des élémens de Géométrie, conformément à l'article premier de l'ordonnance du 8 avril 1756, Sa Majesté ordonne que les Élèves ne pourront dorénavant, sous quelque prétexte & par quelques raisons que ce puisse être, rester & être entretenus à l'École, comme tels, au delà de trois ans, ce temps paroissant suffisant pour achever les instructions de quelqu'Élève du Corps royal que ce puisse être, perfectionner leurs études & les mettre en état de jouir des graces & des récompenses dûes à l'application & à la réussite dans les Sciences, ainsi qu'aux talens qu'on exige d'eux pour entrer dans le Corps royal.

CCXVIII.

Sa Majesté continuera à faire fournir à ladite École les livres, instrumens & autres choses nécessaires à l'instruction des Élèves, que l'on conservera avec soin; il en sera dressé tous les ans un inventaire exact, certifié par le Commandant en troisième de ladite École, visé par le Commandant en chef & vérifié par le Commissaire des guerres & du Corps royal; & tous les trois mois il sera fourni un état de remise & de consommation desdits instrumens & effets, & tous les ans un état de dépense faite à leur occasion, lequel sera revêtu des mêmes formalités.

CCXIX.

Il sera choisi par le Commandant de l'École, deux Élèves sages, de bonne conduite & de bon exemple, pour faire les fonctions d'Officiers-majors pour le détail de la discipline & de la police de la compagnie desdits Élèves; ils porteront les ordres des Commandans, ils les feront exécuter & leur rendront compte de ce qu'ils auront fait & des choses dont ils auront été chargés pour le service de ladite compagnie.

CCXX.

LES Officiers du Corps royal de l'Artillerie étant exposés dans tous les temps, à éprouver la confiance de Sa Majesté, dans des choses très-essentielles à son service, doivent être remplacés par des sujets qui puissent toûjours la mériter; en conséquence, veut Sa Majesté qu'il ne soit admis, pour être aspirans à la suite des anciennes Écoles ou Élèves du Corps royal, que ceux qui seront reconnus d'une extraction noble ou vivant noblement, dont les familles seront sans taches ni reproches, & dignes d'être reçûs dans tous les Corps de troupes à son service.

CCXXI.

L'INTENTION de Sa Majesté est que lorsque l'on présentera des sujets pour être à la suite des anciennes Écoles ou pour être Élèves dans le Corps royal, il soit envoyé préalablement au Secrétaire d'État ayant le département de la guerre, leur extrait de baptême, joint à un mémoire précis & circonstancié de l'état actuel de leurs père & mère, des charges qu'ils posèdent ou qu'ils ont possédées, s'ils ont servi & dans quel Corps ils ont servi, pour que, sur le rapport qui en sera fait à Sa Majesté, Elle accorde ou refuse aux sujets proposés, l'agrément d'être reçûs aspirans à la suite des anciennes Écoles ou Élèves du Corps royal.

CCXXII.

SA MAJESTÉ, en procurant aux Élèves du Corps royal toutes les instructions de théorie & de dessein qui conviennent à un Officier de l'Artillerie, veut & entend qu'en même temps la bonne conduite, la sagesse & les bonnes mœurs caractérisent ceux qui composeront l'École desdits

Élèves; & en conséquence, enjoint Sa Majesté au Commandant de ladite École, de tenir la main à ce qu'aucun ne s'écarte jamais de ses devoirs, & que tous les six mois il en soit rendu compte au Secrétaire d'État ayant le département de la guerre.

CCXXIII.

SA MAJESTÉ prévenue que le jeu est la source la plus ordinaire du dérangement des Officiers, ordonne expressément au Commandant de l'École des Élèves, de veiller avec la plus grande attention à ce que les Élèves attachés à ladite École ne fréquentent aucun jeu public, & de ne point souffrir que parmi eux, dans leurs chambres ou ailleurs, il s'y joue aucuns jeux de dez ou autres jeux de hasard, conformément à toutes les ordonnances, & spécialement à l'article DXCVIII de celle du 25 juin 1750; enjoignant au Commandant de ladite École de punir sévèrement par la prison, pour la première fois, ceux desdits Élèves qui seroient convaincus d'avoir joué auxdits jeux de hasard; & au cas de récidive, Elle lui ordonne expressément d'en rendre compte au Secrétaire d'État ayant le département de la guerre, qui les fera rayer du tableau: Défendant Sa Majesté d'avoir aucun égard aux dettes que lesdits Élèves pourroient avoir contractées à raison du jeu, & annullant dès-à-présent & pour toûjours les billets qu'ils pourroient faire pour cette cause.

CCXXIV.

L'INTENTION de Sa Majesté est que le Commandant en troisième de l'École soit chargé, sous l'autorité du Commandant en chef, du détail des appointemens des

des Élèves du Corps royal, qu'il en fasse les décomptes chez le Commis du Trésorier général attaché à la place où est établie ladite École, & qu'il en signe les quittances en parchemin, visées par le Commandant en chef de ladite École pour l'acquit du comptable: Son intention est aussi que lesdits appointemens soient appliqués par préférence à leur nourriture & à leurs besoins les plus urgens.

CCXXV.

DÉFEND Sa Majesté à tous Marchands ou habitans de la ville où est établie ladite École, de faire aucun crédit auxdits Élèves, & de leur rien fournir sans une permission par écrit du Commandant de ladite École, à peine d'être privés de leurs payemens & d'une plus grande punition en cas de récidive.

CCXXVI.

RIEN n'étant si essentiel à un Officier que d'avoir des mœurs & une conduite régulière, Sa Majesté ordonne au Commandant de l'École des Élèves, d'avoir la plus grande attention à ce que lesdits Élèves qui leur sont subordonnés se conduisent en toutes occasions avec sagesse & décence; lui enjoignant de punir très-sévèrement ceux qui pourroient causer quelque scandale, & l'autorisant à fixer auxdits Élèves une heure pour leur retraite dans leurs quartiers & à les punir en cas de contravention; au cas de récidive, il en informera le Secrétaire d'État ayant le département de la guerre qui les fera rayer du tableau; le Commandant de ladite École tiendra la main à ce que tout ce qui est prescrit par la présente ordonnance soit exécuté par les Élèves avec la plus grande exactitude.

CCXXVII.

L'INTENTION de Sa Majesté est que ce qui est prescrit par la présente ordonnance ait lieu dans toutes ses parties, à commencer du premier du mois de Janvier prochain; dérogeant à toutes les ordonnances précédemment rendues en tout ce qui se trouvera contraire à la présente: Mandant Sa Majesté à Monf. le Duc de Penthièvre, de tenir la main à son exécution en ce qui le concerne.

MANDE & ordonne Sa Majesté aux Officiers généraux ayant commandement sur ses troupes, aux Gouverneurs & ses Lieutenans généraux en ses provinces, aux Gouverneurs & Commandans de ses villes & places, aux Inspecteurs généraux du Corps royal de l'Artillerie, aux Intendans dans ses provinces, sur ses frontières & dans ses armées, aux Commissaires des guerres & du Corps royal de l'Artillerie, & à tous autres ses Officiers qu'il appartiendra, de tenir la main à l'exécution de la présente ordonnance. FAIT à Versailles le vingt-un décembre mil sept cent soixante-un. *Signé* LOUIS. *Et plus bas*, LE DUC DE CHOISEUL.

LE DUC DE PENTHIÉVRE, Amiral de France, Gouverneur & Lieutenant général pour le Roi en sa province de Bretagne.

VÛ l'ordonnance du Roi, ci-dessus & des autres parts: MANDONS à tous ceux sur qui notre pouvoir s'étend, de l'exécuter & faire exécuter suivant ſa forme & teneur. FAIT à Rambouillet le dix-huit janvier mil ſept cent ſoixante-deux. *Signé* L. J. M. DE BOURBON. *Et plus bas*, Par Son Alteſſe Séréniſſime. *Signé* DE GRANDBOURG.

www.ingramcontent.com/pod-product-compliance
Ingram Content Group UK Ltd.
Pitfield, Milton Keynes, MK11 3LW, UK
UKHW031930260826
14628UKWH00004B/1535

9 782329 604466